JN125408

年収1億円の

10 god rules for an annual income of 100 million

神ルール10

金川顕教 [公認会計士]

ポプラ社

年収1億円の神ルール10 【もくじ】

まえがき

みなさんもご存じだとは思いますが、現代の日本は、人生100年時代と言われています。

1960年には、男性65歳、女性70歳だった日本人の平均寿命も、2019年には男性81歳、女性87歳と、まだまだ延び続けています。

昭和の時代は、義務教育を受けて、高校や大学を卒業して就職し、60歳で引退をして、5年か10年、長くて20年で寿命を迎えていました。

しかし、今は、定年の年齢もどんどん引き上がってきていますし、65歳や70歳で引退した後も、20年、30年と老後が続きます。

以前は、公的年金、企業年金、個人の貯蓄、この3つで

引退後の10年間程度は、生き延びることができましたが、

僕たちが老後を迎えた時、20年、30年と

長い老後の生活費に困らないかは、甚だ疑問です。

さらには、2019年金融庁の報告では、

老後の資金には2000万円が必要だと発表されて話題になりました。

そして、退職金も、公的年金の金額も、だんだん下がっています。

将来、65歳で引退をして、年金と貯蓄と退職金で、

余生を過ごそうと思っていても、

100歳まで年金で生活を送ることはもはや不可能と言ってもいいでしょう。

僕の試算によれば、22歳から65歳まで43年間働いている間に、

年収の25%は貯蓄をしないと、

十分な老後は迎えられないことが分かっています。

そこで重要となるのは、65歳以降も、きちんと働けるように、今のうちに準備をしておくことです。

もちろん、副業もその中の選択肢の1つです。

今後、何か1つでもいいので、会社とは別に収入がある人とない人では、生活の質が大きく変わってくることは間違いありません。

自分が好きなこと、情熱があること、社会の役に立つこと、何かしらの別のキャッシュポイントを準備することが大切です。

終身雇用の神話はすでに崩れていますが、これからの時代、新卒で就職すれば、定年まで一生安泰ということもあり得ません。

どんな企業でも、リストラの可能性も、倒産する可能性もあります。

さらに今後は、AI恐慌と言われる、リーマンショックや、コロナによる経済不況よりも激しい恐慌が襲ってくるでしょう。

パソコンに入力したり、計算系の事務の仕事は、完全にAIの得意分野ですから、どんどん人間の仕事を奪っていき、ホワイトカラーの半数の仕事がなくなるとも言われています。

さらに、2020年はコロナ禍で、ビジネス界でもパラダイムシフトが起こりました。

飲食業、アパレル＆百貨店、鉄道会社、インバウンド業界など、

さまざまな業界が苦境に立たされ、新しい仕事の仕方を模索しています。

世界一偉大なセールスマンと呼ばれたIBMの創業者であるトーマス・ワトソンは、

「ビジネスはゲームだ。遊び方を知っていたら、世界最高のゲームである」

と言っていました。

つまりこの、「遊び方を知っていたら」というのは、

成功する人や一流の人は、

遊び方、つまりルールを知っているということです。

ゲームにはルールがあります。

RPGゲームも、アクションゲームも、アドベンチャーゲームも、

ルールのないゲームはありません。

そしてまさに今、その「ルール」が変わろうとしているのです。

ウィズコロナの今、そしてこれからは、

大きな変革の時代になっていくのではないでしょうか?

そんなウィズコロナの時代を生き抜くためには、

絶対的な力が必要です。

それはどんな力なのか?

それを僕なりに考えたのが

この本で紹介している10個の 「ルール＝力」 です。

まず1つ目に必要なのは、長期的な視点で

先を見通すための 「先見力」。

2つ目は、他人の言うことをそのまま信じるのではなく

自分自身の頭で考えることのできる「思考力」。

さらにそれを人に伝えるための「表現力」が3つ目にきます。

この力はさらに、自分の中にインプットしたさまざまな情報を自身の中で咀嚼（そしゃく）してアウトプットする力にも通じてきます。

そして4つ目は、「読書力」です。

インターネットやSNSなどからの情報入手ももちろん重要ですが、

やはり深く思考された考え方や、

そこから派生する情報を得るには、書籍からが一番です。

5つ目は、「数字力」です。

16

ビジネスの世界ではもちろんですが、

例えば老後の資金を考えるのにも数字はついて回ります。

曖昧な情報に振り回されないためにも数字を読み説く力は必須です。

さらに6つ目は、「当事者力」です。

何事も自分事にして考える。

この癖をつけておくと、

世の中の小さな変化に気付くことができたり、

自分と関係する周囲の人とのコミュニケーションが

うまくいくようになります。

7つ目は「応援力」です。

これは、6つ目の「当事者力」があることが前提ですが、

この力によって仲間を作ることができるようになり

1人ではできなかったことができ
ビジネスでもそれ以外の世界でも
自分の世界がどんどん広がっていきます。
これは10個目の「チーム力」にも関係してきます。

この「習慣力」です。
何事も習慣にしないと自分の力にはならないというのが
僕がよく話すことに1万時間の法則という話があるのですが
8つ目は「習慣力」です。

9つ目は「決断力」ですが、
これは、ビジネスでも何事においても
決断が必要なタイミングというものがあり
そのタイミングを見極め、きちんと正しい決断をすることの

大切さを言っています。

最後の10個目は「チーム力」ですが
先の7つ目の「応援力」でもちらと触れましたが
1人よりチームで動くと大きなことが達成できます。
そのためのチームをどう組んで動かしていくか?
ここではそれについてお話ししています。

人生100年時代をどう生き抜くか
AI時代をどう生き抜くか
ウィズコロナ、アフターコロナをどう生き抜くか?

平均寿命が延び、AI時代が進み、コロナ禍により、
今後の世界は、ますます予測不能となっています。

しかし、そういう世の中でも、

これから紹介する10個の力があれば、

必ず生き延びることができると僕は強く確信しています。

ぜひこの10のルール＝力を身に付けることによって

今後の世の中をあなたもぜひ力強く生き抜いてください。

1
【 先 見 力 】

過去から「未来」を
予測しよう

短期ではなく長期を
見据える未来志向

　AI、デジタル化など、ここ数年で**社会はめまぐるしく変わっています**。さらに、ここ1年では、コロナが流行し、その後のウィズコロナ時代と、全く先の見通せない時代となりました。

　2019年の日本人の平均寿命は、女性が87・45歳、男性が81・41歳と過去最高を更新しています。2007年以降生まれの子どもの3人に1人、もしくは2人に1人は、100歳以上生きるとも言われています。

　10年後、20年後、30年後、40年後、50年後の日本の状況、世界の状況は、今後予測のつかない方向にどんどん変わっていきます。

　人生100年時代と言われる現代で、私たちはどうやって生き残っていけばいいのでしょうか。

そこで、このウィズコロナを生き抜く10個の力で、最初にお伝えしたいのは、

長期的な視点を持つという「先見力」です。

しかも、3年先、5年先といった短期的な先見力ではなく、最低でも10年後を

見据えられる先見力が必要です。

みなさんは、日々の生活の中で、10年以上先を見据えた行動を意識しているで

しょうか?

勉強、仕事、資格、人間関係、人脈、趣味、健康、コンディション管理など、

少しでも自分が10年後、どうしていたいかを考えたことはありますか?

▼ 先見力 = 投資である

では、先見力とは何かを考えた時、それは分かりやすく言えば、何に「投資」

をするかを長期的に考えること、つまり投資的な視点、それも長期的な視点を持

つことだと思っています。

証券会社に勤めている方や、生命保険や金融に携わっている人であれば、多分お分かりかとは思いますが、基本的に**投資を成功させるには、「長期投資」が必須**となります。短期や中期ではなくて、長期投資をすることです。

そのいい具体例になるのが、例えばS&P500、日経平均やJ・P・モルガンが出しているようなチャートです。

例えばJ・P・モルガン・アセット・マネジメントが出している1950年から2019年の株式投資の投資期間と年平均リターンの範囲という表があります。

投資期間が1年の場合のリターンは、マイナス39%からプラス47%まで大きな幅があります。つまり、たくさん損をする人もいるし、たくさん得する人もいるということです。

しかし、**20年間投資していた場合のリターンは、プラス6%からプラス17%で**す。つまり、**投資期間が長くなるとリターンの触れ幅が小さくなって安定すると**いうわけです。投資期間を長くすれば、データ上では、誰1人として損をしてい

ないことになります。

僕は別に、投資の話をしたいわけではありません。

簡単に言うと、小学校、中学校、高校と、きちんと長期的な目線で勉強をしている人は、いわゆる偏差値の高い大学に入れますし、就職活動にしても、30歳以降のキャリアアップや転職まで視野に入れて大学生活を送っている人は、今後の人生も安定しているでしょう。これが長期的、投資的視点です。

しかし、若い学生で、そこまで長期

過去20年の全世界株式指数の推移

年率リターン → **6.4%**

年率リスク → 18.4%

1999年6月末＝100として指数化

【出典】Bloombergを基に三菱UFJ国際投信作成

的な視点で物事を考えられる人は、ほとんどいません。目の前のことに一喜一憂するだけで、５年後、10年後については、何も考えていない人が大多数ではないでしょうか？

僕は公認会計士試験に大学在学中に合格をしましたが、これも長期的投資です。大学卒業後の人生を見据えて、大学と並行して会計士になるための学校に通い、１日16時間の勉強を３年半続けました。

よく、大学在学中に英検や宅建など、比較的少ない時間で取れる資格ばかり取る人がいますが、ほとんどの人は、その資格を取った後、その資格を何に役立てたいのか？　という視点が抜けています。目先の短期的な投資しか考えていないのです。

例えば、英検を受けることは無駄とは言いませんが、英検の級を取得した後に、全く英語を使わない生活をするのであれば、お金と時間を使って、英検に投資する意味はないでしょう。

ですから、先見力に不可欠なのは、今年、来年といった短期的な視点ではなく、5年後、10年後を視野に入れた逆算思考による見通し、つまり長期的な投資の視点なのです。

本を読む時は、一般的に「はじめに」から読みますが、一流の経営者は、「おわりに」から読んでいます。本のゴールを見据え、目的がはっきりした上で冒頭から読むのです。

さらに本を選ぶ時も、「何となく」手に取るのではなく、例えばテレアポの営業のクロージングの部分が弱いから、それを習得する知識が身に付く本を読もうと思って本を選んでいます。

そして、目次を見て、自分が欲しい情報が掲載されている章だけを読みます。

常に「目的」と「目的達成」のための行動を行っていますが、これも長期的投資の1つでもあるのです。

▼ 長期的投資は積立とセットで考える

長期的投資と並んで必要なのは、**積立です。**

積立とは、毎月同じ額のお金を払うということですが、これは投資だけに限った話ではありません。長期的に先を見通せば、**今からコツコツ行動することが必要です。**

投資の方法に「ドル・コスト平均法」という手法があります。

投資の世界で絶対に避けたいことは、最悪の状況に陥ることです。 投資家の一番の理想は、当然、最高の状態で投資することです。

投資の世界での最悪の状況は、リーマン・ショックやコロナショックの前に株を買い、リーマン・ショックやコロナショックが起きたことで買った株が暴落することです。

一番高い時で買い、一番安くなるのが最悪だとしたら、一番安い時に買い、一番高いところで売るのが、投資の一番いい状況です。

しかし、こういった事態は、なかなか予測はできません。そこで最悪の状況を回避する方法として、この「ドル・コスト平均法」があります。これは一定の金額を毎月コツコツと長期的に投資していく方法です。

株のチャートというのは、日経平均だけを見るとそうでもないですが、30ページでも紹介しているようなアメリカの株、S&P500などは、長期的に見れば、右肩上がりに増えているものです。

短期的に見れば、一番安いのか、一番高いのかというのは日によって揺れ動きますが、マクロの視点で右肩上がりと考えるのであれば、1日も早く始めたほうが、利益が出ます。ですからこの「ドル・コスト平均法」の考え方では、株は1日でも早く始めたほうがいいのです。

そして、100万円を1回で100万円分買うのではなく、月5万円ずつ毎月

日経平均株価の推移

バブル崩壊

世界金融危機

40,000
35,000
30,000
25,000
20,000
15,000
10,000
5,000

1990 '95 2000 '05 '10 '15 '20

【出典】S&P 500 Historical Prices

アメリカ株の推移

2,848,42

リーマンショック

ブラックマンデー

ブラックチューズデー

3,000
2,000
1,500
1,000
700
500
300
200
150
100
70
50
30
20
15
10
7
5
3

1880 '90 1900 '10 '20 '30 '40 '50 '60 '70 '80 '90 2000 '10 '20

【出典】S&P 500 Historical Prices

定額で買っていけば、高いところで買うことにもなりますが、安いところでも買えるようになるので、できるだけ損をするリスクを減らすことができるというわけです。これがドル・コスト平均法の仕組みです。

先見力をつけるのには、このような長期的、しかも積立の目を持つことが必要です。

▼ 何事にも「積立」の視点を持とう

僕が合格した公認会計士試験は、合格率は大体10％です。その年によって6％台から20％弱まで幅がありますが、受からない人や、合格を諦める人は、かなりの数に上ります。

そういう人たちは、最高の状態を得ることだけを考え、最悪の状況を想定したり受け入れたりすることが、全くできません。

統計の話になりますが、公認会計士試験に1回で合格する人は1%です。つまり、100人に1人です。合格率は10%ですから、100人中10人の合格者のうち9人は、必ず1回以上落ちている人です。実際、合格までに3〜5回受験するのが一般的です。

1回落ちるのは当たり前ですから、「1回目は落ちたけど、次もやろう」と前向きに捉えることも、「積立」の思考の1つです。

資格取得勉強のように知識を積み立てたり、人間関係を積み立てたり、今、自分が働いている目の前の仕事を全力でやることです。

株式のように、調子がいい時と悪い時もあるでしょうが、長期スパンで見れば、それが積み上がり、必ず右肩上がりとなっていくのです。

また、同時に重要なのは、1つの分野だけに特化して積み立てていくのではなく、さまざまな分野に興味を持つことです。

過去から未来の変化を読み解く

投資の世界では、分散投資、ポートフォリオと言いますが、いろいろな金融商品を分けることにより、リスクを低めます。

例えば個別株を1個持つだけの場合は、倒産したりするなどのリスクがあります、そこでいろいろなものに投資をすることで、**リスク回避をする**わけです。

例えばタクシーの初乗りの価格は、昭和初頭には、1円だったのが、今は都内では410円になっています。同様に銭湯は、もともと10円だったのが、現在は470円です。はがきの価格も2円から63円になりました。

では、今後の日本はどうなっていくのでしょうか。例えば電子マネーの決済がどれぐらい増えているのか、クレカの支払いは、どれぐらいの割合なのか。5年

前、10年前のデータと見比べることで、ある程度の予測を立てることはできるでしょう。

モノやサービスの価格、税金、給料、生涯年収……。例えば大企業の退職金は年に2・5％ずつ下がってきていますから（P34のグラフ参照）、100歳まで生きるとなった時に、どれぐらい老後にお金が必要なのか。

それだけではありません。結婚するとしたら、結婚式や新婚旅行、新居費用にいくらかかるのか。子どもは何人

過去15年間の大卒者の退職金平均額の推移

- 3,000万円
- 2,499万円
- 2,323万円
- 2,500万円
- 1,941万円
- 1,788万円
- 2,000万円
- 1,500万円

平成15年　平成20年　平成25年　平成30年

【出典】厚生労働省「就労条件総合調査」を基にした「EL BORDE」記事

1

【 先 見 力 】

過去から「未来」を予測しよう

ほしいのか。学費はいくらか。親が病気になった時に、何か手当があるのかどうか……。常に長期的な視野を持っていることが必要です。

そのためには、**過去のデータを見る**ことが、先見力をつける手助けをしてくれます。

▼若い世代のために、僕らができること

先見力で、欠かせないものは、「若い世代、自分の将来の子どもや孫、後継者の人のために」という視点です。

教育にかかるおよそのお金

	国公立	私立
幼稚園 [3年間]	約 65 万円	約 158 万円
小学校 [6年間]	約 193 万円	約 959 万円
中学校 [3年間]	約 146 万円	約 422 万円
高 校 [3年間]	約 137 万円	約 290 万円
大 学 [4年間]	約 539 万円	約 731 万円
合 計	1,080 万円	2,560 万円

【出典】文部科学省「子供の消費調査」
株式会社日本政策金融公庫「教育費負担の実態調査（平成30年度）」
※私立大学は文系で算出。

結局、「自分のため」という人は、今を楽しむことに精一杯。長期的な視野が身に付きにくいのです。たとえ今、結婚をするつもりがなかったとしても、10年後、20年後、結婚するかもしれません。しかし、そういう発想がなければ、資産形成もできないし、先見力も身に付かないし、結果も出ません。

億万長者の人を調査した本を読んだことがありましたが、億万長者には、独身者は少なく婚姻している人、しかも彼らの結婚生活はおしなべて長いというデータがありました。これは当たり前だと思います。

もちろん、結婚が人生のすべてではないので、結婚をしなくてもかまいません。しかし、自分が遊びたいから年収1000万円を稼ぎたいという人よりも、「日本のため」「社会のため」「人類のため」「世界平和のため」と、**自分以外の誰かのため、未来の子どもたちのためにビジネスをしたほうが、圧倒的に成果が出せます。**

なぜなら、後者のように、将来の子どものために、業界への恩返しのために、社会のため、日本のために、という人のほうが周囲からも応援されやすく、大きな仕事ができるからです。

▼ 国内を見るのではなく、国際基準で考える

将来を予測するのは、なかなか難しいことです。だからこそ、ＡＩの勉強をする、ネットの勉強をする、デジタルの勉強をする、株価のチャートを見るなどといった行動を通して、先見力を養うことが大切です。

そこで、先見力を養う時に、基準となるのは国内ではなく、国際標準です。

例えば、消費税を見ると、イタリアをはじめとするヨーロッパの国の多くは大体が20％台です。日本は、現在、その半分の10％です。今後、消費税の引き下げをすることはないでしょうから、徐々に20％に近づいていくでしょう。

一方で、法人税、所得税、贈与税、相続税といった直接税は、日本はとても高い税率です。4000万円以上収入があっても、全国一律の住民税10％に加えて、超過累進税率で所得税が45％。

例えば年収が1億円の場合、日本では、そのうち、5500万円を住民税・所得税として払わないといけません。すると手元に4500万円しか残りません。

しかし、シンガポールは住民税がなく、所得税も22％です。ですから、もし僕がシンガポールに住めば3300万円、毎年貯金を増やせるわけです。

今後、経済はグローバリズムにより、どんどん国際的な標準に各国が合わせていくことでしょう。政治も同様なので、消費税も上がるはずです。

このように、先見性を持つためには、日本国内だけを見るのではなく、海外の状況と比べることも大切です。

▼ Amazonの動きに注目を

世界を知るというのは非常に重要だとお話ししましたが、僕は先見力を語る上で、Amazonというのは、外せないキーワードだと思っています。

特にビジネスに関わっている人は、先見力を養うためには、**Amazonの動きに注目しておくこと**をおすすめします。

例えば今、ドローンが、研究、調査、撮影などに使われていますが、Amazonは、本国ではすでに空の中にドローン基地を設置する許可の申請をしています。

つまり、いずれAmazonで購入した商品は、配達員が届けてくれるのではなく、ドローンが運び、ベランダに置いたり、家の前まで届ける時代になるということです。

また、Amazon GOというコンビニのような形態のショップが本国のアメリカ

には多数ありますが、この店の特徴は、店員さんがいないことです。このコンビニに入るとAmazonのアカウントで認証され、商品を持って出たら、そこで決済がなされるという仕組みになっています。ICカードやクレジットカードで払ったり、携帯の電子マネーをかざす必要もありません。

さらに陳列によるプロモーションや、仕入管理や在庫管理も、コンビニの中に設置したセンサーやカメラで管理し、こういう若い人はこういう商品を買う傾向があるというように、全てデータ化をしています。そして、店舗ごとに違う商品を仕入れたりするわけです。

海外のスーパーなどは、現在どんどんAmazon GOのようになっています。スーパーは地域性が強いので、在庫管理は非常に重要です。

1カ月の購買データを、顔と名前とポイントカードで認証できれば、この人はこれを買う傾向にあるというように、仕入れも無駄なくできるようになるのです。

Amazonは1995年から営業を開始して、株価は上場してから1000倍に

ライフスタイルに大切な先見力とは

なっています。10万円買っていたら1億円以上になっているような、それぐらい伸びている会社です。

先見力をつけるためには、GAFA、グーグル（Google）、アップル（Apple）、フェイスブック（Facebook）、アマゾン（Amazon）といった企業を、しっかり理解して、研究することが非常に重要だと考えています。

みなさんは、例えば車を20歳から70歳まで持つと、維持費を含めていくらぐらいの費用がかかるかをご存じですか。ファイナンシャルプランナーの平田浩章氏の試算によれば実は、4000万円ぐらいかかります。

これも、言うなれば先見力です。

この費用をどう考えるか？

これが得ならそれはそれでいいわけですし、自分の車を使う頻度に合わせて車は買わずに、カーシェアリングをしたり、レンタカーを借りたり、タクシーを利用してもいいわけです。まずはこの4000万円という数字を知ること、それが先見力に通じてきます。

経営者にフェラーリを買う人が多いのは、リセールバリューが高いからです。2000万円で買い、売る時に1900万円で売れれば、100万円しか損をしません。国産車ですとアルファードもリセールバリューが高いです。

新車のプリウスを300万円で買って、3年後に売ったら150万円にしかならないのであれば、フェラーリを買ったほうが断然お得です。

ロレックスなどの高級時計を買う人が多いのも、同様の理由です。僕は昔からクロムハーツが好きで、クロムハーツの商品を何点も買っていますが、ブランド

の価値が上がっているので、商品の価値も上がっています。

商品そのものの値段で考えるのではなく、**売ったらいくらになるのかリセール**

バリューを考えるのも大事な先見力だと思っています。

▼月収の1割を貯蓄に回せば1億円の貯金ができる

先見力を身に付けるためには、長期的な視点が大切だということはお話ししました。お金のことで言えば、**長期的な視点を持つと、貯金の大切さが重要になっ**てきます。

つい最近、日本人はアメリカの次に億万長者の割合が多いという調査を見ました。そこで、1億円を貯金するにはどうすればいいか考えたことがありますが、実は、1億円を貯めることは、それほど難しくないのです。

日本人のサラリーマンの生涯年収は、大体3億円と言われています。もし共働

きで稼いだとしたら、3億＋3億で6億円になります。この10％貯金をするだけでも6000万円です。

この貯蓄を元本にして**年利3％で運用するだけで、18年で1億円を超えます。**

実際は20代、30代、40代は積み立てながら貯蓄をするので、複利の効果で、もっと短期で資産形成できます。

つまり、稼ぐ能力、増やす能力も、もちろん重要ですが、お金を貯めるのに一番簡単なのは、貯金する力を身に付けることです。

老後にかかる資金は2000万円と言われていますが、冷静に毎月コツコツと貯めていけば、意外と貯まるものです。

例えば月収の10％を22歳から貯金していたらいくらになるでしょうか。これは、複利計算アプリを入れれば、計算が苦手な人でもすぐに分かります。

月収が30万円だとして、毎月3万円を5％で積み立てます。5％にしたのは、大体世界の株式市場の平均のリターンが、大体5％から7％ぐらいに増えると言

われているからです。（P25のグラフ参照）。

そこで元本10万円から、毎月3万円を積み立て、年5%で回すとすると、18年で1090万円を積み立てることができます。通常の貯金では、658万円しか貯まりません。しかし、年5%で回せば、資産は30年後に2554万6050円になっています。

1464万6050円増えるわけです。もうこれで2000万円問題は解決しています。

共働きで退職金ももらえるとしたら、さらにプラスとなります。

「1割も貯金するのは大変」という人は、まずは月々のランニングコストから見直すことです。このことを意外と意識をしていない人も多いのです。

ランニングコストは、月々のコストが低い、生活に必要と考えてしまうために、軽視をしてしまいがちですが、それが5年、10年と積み重なると、大きな差を生

みます。

例えば、携帯電話もau、ソフトバンク、ドコモなど大手キャリアから格安SIMに替えるだけで月5000円ぐらい安くなります。これだけで年間6万円。10年間で60万円です。家族が4人なら、年間24万円、10年間で240万もの差が出ます。ですから、絶対に替えるべきではないでしょうか？

また電気料についても、2016年から電気の自由化が始まり、最近では楽天でんきなども出てきました。ネットだけで切り替えが簡単にできるので、ぜひ比較サイトなどで検討してみてください。年間で1～3万円ぐらい安くなります。

▼ライフイベントでの出費を計算する

先見力で欠かせないことに、ライフイベントがあります。**ライフイベントとは、その人の人生で起きるさまざまなイベントのこと**です。転職、結婚、けが、入院、

出産などがそれに当たります。そして、そこにもお金の問題はついてまわります。

けがや入院の費用、結婚子育てにかかる費用、老後に必要な資金など、自分の人生に何が起こりうるか、そしてそのそれぞれにどれくらいが必要なのかを知り、毎月収支の計算をして管理をすることが必要です。

例えば『ゼロからはじめる！ お金のしくみ見るだけノート』（伊藤亮太／宝島社）によれば、結婚にかかる費用は平均で463・3万円と言われています。意外に高くてびっくりするのではないでしょうか。婚約から新婚旅行を含めての金額ですが、夫婦で折半をしたとしても200万円以上の支出です。

1人暮らしの引っ越しの平均額は102万円と言われています。インテリアや家具で40万円、家賃・敷金・礼金で20万円、家電で30万円、引っ越し代金が10万円で、約100万円です。

子どもの教育費は、私立か公立かによって変わってきますが、1人あたり200万円から3000万円かかります。

「結婚しない」「子どもはいらない」という人もいますが、いつ自分の考え方が変わるか分かりません。

10年後、20年後、30年後、何が起こるのか、そのためにはどれぐらいお金が必要なのかを考えて、車選び、住宅選び、保険選びなどを見直すことも先見力を養うためには必要です。

▼ チャートを見ることで先見力が磨かれる

ここまでお話ししてきた先見力ですが、この力は一朝一夕に身に付くものではありません。**日々の積み重ねがとても重要です。**

先見力を養うために、日々、勉強できるものとして、**一番の教材になるのが「お金」**だと僕は思っています。中でも、僕は投資が一番勉強になると思っています。そこで僕は、日経平均、S＆P500や世界株式のチャートなど、日々変

48

化するものを見ています。

iPhoneには、標準アプリで株価チャートが入っているので、毎日見る癖を付けるといいでしょう。できれば、10年単位、5年単位、1年単位、1カ月単位と、マクロの視点で見てからミクロの視点で見ることが大事です。

コロナ前後や、アメリカの大統領選前後など、国内外の社会の出来事と照らし合わせて、どう変わったかを意識して見ていきましょう。

これは、みなさんに、投資家になれということではありません。しかし、どうせ見るのであれば、実際に投資をしたほうが興味を持ちやすいので、ネット証券で100円からできる積立の投資を、お小遣いの範囲内で始めるのもおすすめです。インデックスファンドに投資をして、毎日チャートを見ることで、世の中の流れが見えてきます。

世界株式、アメリカ株式、TOPIX、日経平均。そういったものに投資をしながら毎日チャートを見て、相場を見たり、今後を予測したりすることが、先見

力を磨くことにつながるのです。

ここで重要なのは絶対的な正解は何か？　を考えるのではなく、このタイミングで下がるのかとか、ここで上がるのかというように、**チャートをしっかり見て推移を追うこと**です。さらには、今後の日本はどうなっていくかを考えてみることも非常に重要です。

そういった活動を通して先見力も養われていきます。

2

【 思 考 力 】

人の頭ではなく
「自分の頭」で考えよう

「情報」と「思考」は
全くの別物

総務省の研究によれば、この10年間で、情報の流通量は、10年前の530倍になっているそうです。

ソーシャルメディア、ブログ、テレビ、YouTubeなど、いろいろな人が情報を発信することにより、情報過多の時代になっています。

10年前であれば本を読んだり、詳しい人に聞かなければ答えが分からなかったような成功ノウハウや考え方といった情報も、今はYouTubeだったり、インターネットで調べることで、簡単に手に入るようになりました。

そこで僕が問題視しているのが、こういった情報を手に入れたことで、多くの人が分かったような気になってしまうことです。

昔、養老孟司さんの『バカの壁』（新潮社）という本がありました。436万

部ほど売れ、2003年に流行語大賞にもなりましたが、今、まさに起こっているのです。

ている「伝えれば分かるなんて大うそだ」という状況が、今、まさに起こっているのです。

▼ 知識と情報はインプット、思考はアウトプット

例えば、情報は、脳への入力、インプットです。ですから、例えばどこかで仕入れた情報や、この本で書かれていることを、みなさんは鵜呑みにするのではなく、情報として頭の中に入れた後、しっかりと**自分の頭で考える、つまりアウトプットをしてほしい**のです。

ほとんどの人は、情報と思考を同じものだと考えています。

本を読んだり、ブログを見たり、テレビやYouTubeを見て、「ああ、そうなんだ。分かった」と思っていますが、僕からしてみれば、分かった気になってい

るだけで、分かっていない人が大多数だと思います。

今の時代、ちょっと疑問に思ったことなどの答えは、すぐにインターネットで調べることができます。簡単に答えを見つけることができるものは、単なる情報です。一方、**思考とは、情報を自分の中で一度咀嚼し自分の頭の中で思い、考えたもの**です。

こんな時代だからこそ、情報と思考は別物であると、しっかりと意識する必要があります。読んだり聞いたりするのは、あくまでインプットなのです。単純に情報を入れているだけです。

僕はこの本でみなさんに、たくさんの「力」について伝えていますが、この本を読みながら、そして閉じた後にも、ぜひ自分の頭で、僕が言ったことが本当に正しいのか、合っているのかを考えてほしいのです。それが思考をするということです。

情報を頭の中に入れたら、それが本当に正しいのか。自分はどう思うのか。

「思考」することが大切なのです。

最近、多くの人は、思考することがほとんどないように思えます。

自分が目にしたり耳にしたりした情報を、そのままコピペをして、自分の

Twitterやブログなどで、コミュニケーションの道具として使っています。

成功している人、偉人、結果が出ている一流の人、突き抜けている人の言葉を

知識としてコピーアンドペーストしているだけです。自分の頭で考え、自分の言

葉を育てる、考える力が欠けているのです。

先ほどの養老孟司さんの『バカの壁』には、養老先生が医学部生に妊娠から出

産の動画を見せたというエピソードが載っています。

すると男子学生は「そんなの中学校で習ったよ」と言いましたが、女子学生は

「勉強になりました」と言いました。同じ学部、知識も同じ、偏差値も同じ学生たちの中で、なぜここまで感想が違うのか。これがまさに思考の問題だと僕は思います。

男性は、女性と違って出産を経験しません。ですから、自分事として捉えにくいのです。もちろん妻や、姉や妹、友人が妊娠するとなれば、多少は間接的に考えるかもしれませんが、自分自身が妊娠出産を経験することはないので、自分事として考えられないのです。

要は、**自分に関係ない情報を自主的に遮断しています**。これが、いわば「バカの壁」というものです。「もうそんなの知っているよ」と言って、理解しようとしないのです。

僕はいつも、**「知っている、分かっているというつもりになったら駄目だ」**と思っています。

妊娠出産の動画を見るのは、情報をインプットしただけです。脳への入力をしてから、しっかりと自分の頭で考えること。つまり、**内なる言葉を育て、話したり、書いたり、アウトプット（行動）して初めて、思考をしているということになるのです。**

▼AIには思考力がない

今、AIが人間の仕事を奪っていくという話をよく聞きます。ホワイトカラーの仕事の半分がなくなるとも言われています。

AIを訳すと「人工知能」という意味ですが、Alexaや Siri は、実はAIではありません。あれはAIの技術の一部で、ただの技術革新なのです。

AIは、人工知能ですから、人間と同じ能力か、それ以上の力を持っていないとAIとは呼べません。そういう本来の意味でのAIは、2100年まで生まれないと、研究者の間では言われています。つまり、Alexaや Siri は、人間の思考

力を持つものではなく、ただ記憶をしているだけなのだそうです。AI技術の一部にすぎないということです。

さて、**AIの得意なことは、大量の計算と記憶**です。ですから、居酒屋チェーン店で、チューハイや生ビールのオーダーを受けたら、それをマニュアル通りに作ることは得意です。しかし、AIは、読解力や思考力、表現力、コミュニケーション力が弱いのです。

例えば、「先日、岡山と広島に行きました」という文章と、「先日、岡田と広島に行きました」という文章の意味の違いが、人間はすぐに分かりますが、AIは分かりません。

『AI vs. 教科書が読めない子どもたち』（新井紀子／東洋経済新報社）という本にも書かれていますが、今、小学生で問題視されているのは、教科書を読めない子どもたちです。

2

【思考力】
人の頭ではなく「自分の頭」で考えよう

子どもが今、一番苦手なのは、国語だというのです。自分の頭で考えたり、国語の文章を読んで理解して自分の言葉で発言することができないのです。

本来AIができないことを人間ができればいいのですが、今問題視されているのは、**AIができないことを人間もできない**ということです。

そして子どもたちが今得意なのは、英単語を覚えるとか、日本史とか世界史の有名な人物や年号などを覚えることです。これは、残念ながらAIの得意分野です。これではAIと同じです。

AIの苦手分野というのが読解力とか表現力、コミュニケーションというのは今、お伝えしましたが、さらにAIは、誰かの情報をインプットして理解する、人の気持ちを理解したりするといったこともできません。暗記・計算はできても、自分の考えを伝える力とか、表現力や読解力が苦手なのです。

今のところ、自分の頭で考え、相手の気持ちを理解してコミュニケーションを

59

とることができるのは人間だけなのです。ですからAIに取って代わられないた

めにも、**人間はもっと思考力を鍛える必要がある**のです。

優先順位と目標設定で
思考力を鍛える

では、この思考力を鍛えるためにはどうしたらいいでしょうか？　思考する、

とは、自分の頭で考える、内なる言葉を育てる、伝えるという活動のことです。

そのためには、**話すとか、書くとか、行動するといったアウトプットが重要です**

が、現代人は、圧倒的にこの活動が不足しています。

インプットした内容をコピペでアウトプットするのは、体裁はアウトプットで

すが、内容的にはアウトプットとは言えません。

ただコピペするのではなく、自分が今、頭の中で考えていることは何なのか、何かテーマがあれば、自分は今それに対してどう考えているのか、さらに、今自分がしたいことは何なのか、今一番、何が大切なのかなどを、しっかりと考えてほしいのです。

▼物事に優先順位をつけること

よく、多くの人は、選択肢が多すぎるから悩むと言いますが、僕は、それは、違うと思っています。

例えば、筋トレをして体型維持をしている人は、ランチに何を食べるかという時に、悩むことはありません。

なぜなら、判断基準に優先順位があるからです。例えば鶏肉しか食べない、サーモンしか食べないとか、昼はマグロと納豆と玄米しか食べないと決めていれば、

迷う必要はありません。**自分で決めた明確な意志を持っておくこと。**これも、思考力の1つです。

例えば、婚活をする場合も、顔、身長、性格、収入と、選択肢が多いと、理想の相手に出会うことはできません。

そこで、この場合も、**判断基準を絞ることが重要**です。

例えば優先順位を経済力と性格とします。それだけでもかなり相手が絞られてきます。

その場合、どうして自分は経済力と性格を優先するのか、そこをよく考えて判断基準を決めることが重要です。

もちろん両方を満たしているのがベストですが、そういう人は、なかなかいません。経済力があっても性格が合わなかったり、性格は合っても経済力がなかっ

たりします。

婚活に限らず、仕事、資格習得、転職、引っ越しなど、選択が必要な場面は、人生においていくらでもあります。常に**優先順位を意識する**ことで、思考力は鍛えられていくのです。

▼目標を達成するための逆算思考をする

また、思考力を鍛えるために重要なのは、まず**目標設定をする**ことです。ランチ選びの話にたとえるとするならば、「体を絞る」という目標があるから食事の優先順位がつけられるわけです。

目標設定は、**必ず志が高い目標を作るべき**です。これは多くの経営者や成功者が全員、言っています。

ユニクロの柳井正さんは年商が80億の時に売上1兆円を目標に掲げ、GAPを超えて世界一のアパレルメーカーになると言っています。結果的に今、売り上げが2兆円あります。

僕も偏差値が35の頃から、早稲田・慶應に行きたいとか、会計士になりたいといった目標を持っていましたし、文章を書くことは特に得意ではなかったですが、いつか本を出版したいと思っていました。結果的に公認会計士の資格も取得し、著書は現在累計37冊、40万部発行となっています。

このように、なぜ目標を持つことが、思考力を鍛えることになるのでしょうか。

それは、ビジネスや勉強は、成功の姿を思い描いて、逆算型で目標を達成していくものだからです。そしてただ成功の姿を思い描くだけではありません。**どうしたら目標を達成できるのか？　その方法を考えます。**それが思考力を鍛えることになるのです。

正しい比較と掛け算思考を

　思考をする時に、大切なのは、**レベルを揃えて考える**ことです。そうしないと、意味のない比較をしてしまいがちです。

　以前、ニュース番組を見ていた時に、「アフリカは9億人以上の市場があるので、消費の市場は、日本の9倍以上だ」というVTRが流れました。

　しかし、その時、コメンテーターが「それは間違っている。アフリカは54カ国あり、その合計が9億人だ。日本ではなく東アジアで捉えれば、36億人になる。レベルを合わせて議論をしなさい」と言ったのです。

　なるほどと思いました。

　レベルを合わせず議論してしまうということは、ビジネスの場でもよく起こることです。例えば高卒と大卒の年収の比較をしたり、会社員と経営者の比較をし

たり。何かを比較する時には、比較するもの同士のレベルを合わせなければ、比較の意味はありません。

また、自分と他人を比べてしまうことは、多くの人がしてしまうことだと思いますが、**人と自分を比較することには、意味がない**と思っています。

僕が好きな言葉に、「優れるな、異なれ」という言葉がありますが、これは自分と他人を優劣で勝負するなということです。

人と比べたら負けです。

なぜなら、自分より何かにおいて優秀な人、優れている人は必ず存在するので、比較しても意味がありません。ですから、比べた時点で負けなのです。

健全な劣等感というのは、**理想の自分と今の自分の比較から生まれる**のであって、他人との比較ではありません。

▼オンリーワン思考とは

他人と優劣で勝負すれば、ナンバーワンを目指すやり方となり、レッドオーシャンになります。そうではなくて**オンリーワンになるためにどうすればいいか**を考えることが大切です。

例えば、社内で100人中1番になりたいのであれば、100分の1を目指すのではなく、10分の1になれるものを2つ見つけて1番になるという掛け算思考が大切です。

1万分の1の人になりたいのであれば、100分の1を2個見つけることです。

もし100万分の1になりたいのであれば、100分の1を3個見つければ、「100分の1×100分の1×100分の1」で100万分の1です。

僕は、何事もこの考え方をベースにして行動しています。

もともと僕は、年収1億円を目指していましたが、公認会計士になって、会計士として独立しなかったのは、会計だけでは、年収1億円にはなれないからです。

年収1億円を超える人は、1万人に1人です。会計士1万人の中で1番になれば、年収1億円も可能でしょうが、会計士で1番になるのは至難の業です。そこで、会計だけでなく、違う分野である出版を、会計と掛け合わせたのです。

現在、僕は会社7社のオーナーで、本を37冊出版し、累計40万部に達していますが、会計士の仕事をしながら、ここまで多くの本を出版している人はいません。

アフターコロナを生き残るには、ますます掛け算思考が大事になってきます。

営業と物販、営業とグルメ、営業と投資など、何かと何かを掛け合わせる、掛け算思考で人と違った力を身に付けることが重要です。

1つの分野でオリジナリティーを目指し、1万分の1になることは難しいかも

しれないですが、**掛け算思考という考え方をベースに、100分の1×100分の1で1万分の1を達成することは、1つの分野で1万分の1を達成することよりも簡単です。**

では、どうすれば、「オリジナリティー」を得られるか。そもそも、「学ぶ」という言葉は、「真似ぶ＝まねをする」からきた言葉です。1つのことを学んだだけでは、ただの「真似」ですが、「真似」と「真似」を掛け合わせることで、オリジナリティーが生まれます。

何か小さい分野でもいいので、**100人中1番を積み重ねていくのが非常に重要です。**

例えば、会計士はずっと勉強ばかりしてきたので、プレゼン力とかコミュニケーション能力が弱い人が多いわけです。そこで、会計士として100人中1番でも、コミュニケーション能力も100人中1番になれば、100×100で100

○○人となり、1万人の中で1番になれます。

今、僕は、公認会計士でもあり、会社7社のオーナーでもあり、経営コンサルタントでもあり、「YouTube図書館」というYouTube動画も発信しています。

つまり「公認会計士×会社7社のオーナー×経営コンサルタント×作家×YouTuber」というオリジナリティーある肩書きを持つことで、オンリーワンの地位に立てているというわけです。

ところで日本で一番高い山は富士山ですが、みなさんは2番目に高い山をご存じですか？　2番目が北岳、3番目が奥穂高岳です。登山が趣味という人にとっては常識ですが、一般的にはほとんど知られていません。

つまり、**1位しか人々の記憶に残らない**のです。1位以外は、2番も100番も同じ。だからこそ10分の1でもいいから1番を目指すこと、そしてそれらを掛け合わせることが、僕は非常に大事だと思っています。

▼ 思考力の中でも大事な要素は解釈力

「事実は1つ、解釈は無限」という言葉を、僕はいろいろな本で言っていますが、この言葉は起業して間もない頃、億万長者の人に会う機会があり、その人に教えてもらった言葉です。

その人は、フェラーリに乗って高速を走っていたら、事故ってしまったそうです。でも、その時、「よっしゃあ」と喜んだというのです。つまり、事故にあって車はぺちゃんこになったのに死ななかったので、最高だと言うのです。

人によっては、全く同じ事故でも、車はボコボコになり最悪だと思うでしょう。

しかし、**何事も解釈次第**だと言うのです。

失敗を失敗と捉えるのか、成功の手前や学びと捉えるのか。それによって物事の見え方は変わってきます。

学生時代、公認会計士に合格できるのは、受験者の中の10％しかいないと聞いた時、僕は「10人に1人も合格できるんだ」と思いました。「10人中1人しか受からないの？」とは思いませんでした。

例えば志の高い目標を周囲に伝えた時に、「99％無理だから現実的な目標を立てたほうがいいよ」と言われるかもしれません。しかし、多くの成功者、一流の人間は、その1％を信じて行動に移します。

サッカー選手の三浦知良さんは、高校時代、学校を中退してブラジルに行くとサッカー部の監督に言った時に、「100％とは言わないが、99％は無理だ」と言われたそうです。すると、**15歳の三浦選手は、「1％あるんですね。それなら、その1％を信じて行ってきます」**とブラジルに渡りました。

また、これはあまりにも有名な話ですが、発明王のトーマス・エジソンは、2

万回の失敗を経て電気を発明しました。記者が、「どうしてそんなに失敗を繰り返しても諦めなかったんですか?」と聞いたところ、**エジソンは、「私は一度も失敗していません。成功しない方法を数多く発見し続けてきただけです」**と答えたそうです。

まさにそれが成功する秘訣ではないでしょうか。

同じ情報、同じ言葉を受けてどう解釈するかで大きく人生が変わります。

つまり、失敗を失敗だと捉えず、成功の過程であると捉えました。

ですから、思考力で大事なのは、できない理由を考えるのではなく、どうしたらうまくいくのか、できる方法を常に探して考えることなのです。

3
【 表 現 力 】

思考やアイディアは
「アウトプット」しよう

AIにはできない
伝える能力を磨く

今の若い人は、表現が苦手な人が多いようです。表現とはつまり、プレゼン力がない、文章を書けない、アイディアが出ない……。つまり、アウトプットが苦手なのです。

表現力＝アウトプットは、インプットとは対極にあるものです。

例えば、インプットは、基礎知識を頭に入れることでもあります。義務教育や大学受験で学ぶ国語、数学、英語のように、漢字や単語、公式や年代をひたすら暗記するものです。

ゲームにたとえると、クイズやパズルのように、正解が決まっているようなものがインプットです。

3

【 表現力 】
思考やアイディアは「アウトプット」しよう

一方で、アウトプットとはレゴのようなもの。正解がなく、いろいろな形で組み立てることができます。

そして、**仕事は9割がアウトプット**です。営業をする、会議で話す、企画書を書く、後輩の指導をするというように、正解がありません。仕事の案件や仕事相手によっても違いますし、その人の性格によっても違います。

新商品を営業する時に、ロジカルに攻めるか感情的に訴えるか、どちらが正解というのはありません。

しかし、若い人は、このアウトプットが苦手です。これは義務教育と大学受験で、ひたすら暗記を繰り返し、情報収集だけに力を入れ、ディスカッション能力が鍛えられなかったというのが原因の1つのようです。

もちろん、仕事ができる人はアウトプットも得意という人が多いです。が、例えば、僕のように「YouTube図書館」という自分のチャンネルのために、毎日2冊本を読んで、1冊について10分程度の書籍紹介の解説を即興で話せる人は、

ほとんどいません。

これからの時代、表現力がないのは、致命的です。なぜなら、**表現力こそAIが不得意な分野**だからです。

AIが苦手なこういった力を使った創造的な仕事こそ、人間に求められている仕事です。新商品を開発したり、新しいアイディアを作ったりすることは、AIにはできません。

特にこの章では**表現力、つまり相手に伝える力**について、お伝えしていきたいと思います。

「お客様に伝える」「部下に伝える」「上司に伝える」「周りの同級生に伝える」「家族に伝える」「子どもに伝える」……。表現力を鍛えるために、まずは「伝える」ということを意識するようにしましょう。

▼言葉本来の目的は、自分の意見を伝えること

ものごとを伝えるために、人間は言葉という手段を持っています。確かに言葉をコミュニケーションの道具としてしか考えていない人がいます。確かに言葉は、人とコミュニケーションをとるために必要な手段です。しかし、それは本来の目的ではありません。**言葉はあくまで自分の意見を伝えるためのもの**です。

そして、さらに言葉でものごとを伝えるためには、「何を」伝えるかがまず重要になってきます。つまり自分の中で、意見を育てる必要があります。

心理学では、発声を伴う言語を外言（外言語）、頭の中で考える時の言語を内言（内言語）といいますが、これは「内なる言葉」と「外なる言葉」とも呼ばれています。

「伝える」というと、雑談の本や、会話力の本、コミュニケーションの秘訣とい

ったような小手先のテクニックを学んでいる方が多いですが、本当に伝える力をつけるには、外に向かう言語「外なる言語」を磨くのではなく、まずは**「内なる言葉」を磨くことが大切**です。

つまり、本当に今、自分が何を考えているのか、何を思っているのか、自分との対話をすることが大切です。

例えば、名言集を読んで、その内容をコピペして言葉でアウトプットをしても意味がありません。その言葉を聞いて、なぜそれに自分は感銘を受けたのか、その言葉のどこが賛成なのか、どこが反対なのか……。これらを自分の頭、つまり内なる言葉で考え、自分の思ったことをまとめて初めて、「自分の意見」となるわけです。

では、「内なる言葉」をどうやったら磨くことができるでしょうか？ 僕と内なる言葉を磨く方法を一緒にやってみましょう。ペンと紙を用意してください。

最初に、頭の中にあることを書き出してみます。「これからどのように生きていきたいか」という質問に対する答えを紙に書き出してみてください。

例えば仕事で成功したい、他の人と違うことにチャレンジしたい、世の中をあっと言わせたい、趣味と仕事を両立したい、同期で一番になりたい……。できるだけたくさん書いてください。

次にその答えの中の1つを取り出して、考えを掘り下げていきます。例えば先ほど書いた中から1つ「仕事で成功したい」をピックアップしてみましょう。

そして、それは「なぜ?」なのか。そして、「本当?」なのか。それで、「どうなりたいのか?」を書いていきます。

多くの人は、「仕事で成功したい理由は何か?」という「なぜ?」で止まってしまい、「本当」なのか、「どうなりたいのか」についてまで考えることができま

せん。

「なぜ？」 → 「出世をして年収を上げたいから」

「どうなりたいの？」 → 「家族をハワイに連れて行きたい」と深掘りをしてみましょう。

これをすることにより、内なる言葉を育てることができます。

次に、その答えをさらに深掘りして、「なぜ、家族をハワイに連れて行きたいのか？」を考えて書き出していきます。

▼逆転の発想と、他人の視点を取り入れる

さらに、内なる言葉を育てるために必要なのは、反対の発想を取り入れることです。**自分の常識は、先入観の塊である**と思ってください。間違っている可能性があります。

そこで、**自分が最初に書き出した答えとは逆の視点で考えることが大切**です。

例えば、「仕事で成功したい」という言葉が出てきたら、「成功よりも自分のお客様を幸せにする」というように、真逆のことを考えます。

「世の中をあっと言わせる」であれば、「一人一人に寄り添う仕事をしよう」とか、「同期で一番になる」のであれば、「同期なんて気にせず、自分と向き合うべき」というように、真逆を考えることで、自分の足りない箇所に気が付くことができます。

そして最後に、違う人の視点から考えます。「あの人だったらどう考えるか」。

例えば上司だったり、取引先だったり。家族、先輩、成功している人など。

家族は、もしかしたらハワイに行きたくないかもしれないし、同期は、「俺はおまえと勝負してないよ」と言うかもしれません。

このように言葉を生み出すプロセスとして、アウトプットをして深掘りし、逆転の発想をすることで、違う人の視点から考えるようにしましょう。

また、反対の発想が出てこない、他人の視点が分からないという人は、あきらかに勉強不足です。どんなにアウトプットをしようとしても、自分にインプットされているものが少なければ、出てくるはずがありません。

いいアウトプットをしたいと思うのなら、他人の３倍のインプットを心がけましょう。

本を読んだり、YouTubeの動画を見たり、結果が出ている人の話を聞いたり、意識的にたくさんのインプットをすることが重要です。

アウトプットで
表現力を磨く

情報をインプットすることで、内なる言葉が充実してきたら、次にインプットしたものを、**誰かに話してアウトプットをしていきます。**

僕は現在「YouTube図書館」というチャンネルを開設し、1日2冊の本を読み、書籍の解説動画を撮っています。しかし僕は、もともと人前で話をしたり、プレゼンテーションをするのが苦手でした。

しかし、起業当初、話せないと、起業家として成功しないことを学び、毎日動画撮影をしたり、セミナーを開いたり、1日10時間、話す練習をしました。

どうしたら、みんなに自分の考えが伝わるのか？ それを考えながら日々動画を撮影したり、セミナーを行ううちに、声の出し方に気を付けたり、表現力も磨かれていきました。ちなみに動画はこれまでに3000〜5000本は撮ってい

表現力を磨くためには、とにかく実践するしかありません。もし、話し相手がいない方は、ぜひSNSを使ってみてください。Twitterで文章を書くとか、YouTubeに動画をアップするといった方法がおすすめです。

日記を書いたり、手帳にメモをしたりしてもいいですが、人を相手にしたり、人の目に触れるもののほうが断然おすすめです。

とはいえ、多くの人は、話すことに対してコンプレックスを持っています。プレゼンの場や初対面の人と話すのがすごく得意なんですという人は、あまりいません。

しかし、ビジネスの現場や仕事の現場において、コミュニケーションは非常に重要です。なぜなら、話せないというだけで、仕事ができないという印象を与えてしまうからです。

▼ 動画で撮影して、何度も練習しよう

日本では、昔から以心伝心というように、「言わなくても分かるよね」という文化があります。しかし、そんなことは一切ない、と僕は考えています。言わなければ分からないし、言っても伝わらなければ、何も言っていないのと同じです。

そこで、**相手に分かりやすい話し方をすることが大切**です。

言葉だけでなく、ボディーランゲージを使ったり、声の大きさや抑揚などにも気を付けながら、聴覚情報と、身振り手振りや表情などのボディーランゲージを駆使して、コミュニケーションをとることを意識しましょう。

また、相手に分かりやすく話すために意識してほしいのが、ダラダラと長く話さないということです。

人の集中力がどれぐらい続くか、みなさんご存じでしょうか。**実は、たった15秒程度と言われています。**ですから、テレビCMの多くは、15秒で作られている

のです。

　ＣＭプランナーは、視聴者が集中できる時間内に、この商品いいですよと、簡潔に伝える工夫をしているわけです。そこで僕も、要点を15秒でまとめて話すようにしています。

　15秒というと、すごく短いように感じるかもしれませんが、そんなことはありません。例えば、アナウンサーは1分間にだいたい３５０文字話すそうです。原稿用紙1枚弱です。

　そこでスピーチの起承転結のそれぞれを15秒ずつ話せば、だいたい1分にまとまります。

　また、話がうまい人や説明上手な人は、マクロな視点を持っています。例えば映画を見たり、本を読んだりした時に、印象に残ったシーンを話すだけでなく、起承転結であらすじをきちんと伝わるように話せます。

そこで僕が実践している方法としておすすめなのが、**「なぜ」**と**「要するに」**という言葉を使うことです。実は、この2つは、東大生の口癖のベスト1、ベスト2だそうです。

常に原因を考え結論をまとめるわけです。僕の場合は、これに「例えば」をプラスして、話を分かりやすく、論理的な会話ができるように心がけています。

特にプレゼンの場合は、これらの表現を意識するとよいでしょう。そして、スマホで自分が話している動画を撮り、自分で何度も見返して、話の内容だけでなく、身振りや手振り、顔の表情もチェックしてください。

プレゼンというのは何回も練習することによってうまくなります。話したい内容を事前に明確にし、話す練習を徹底して行うといいでしょう。

▼人と話すときは、「聞き手」を意識

人とのコミュニケーションが苦手な方に意識をしてもらいたいことは、まず、人は自分の話をしたいものだということです。そこで、話す力も大切ですが、**聞く力を身に付けることも重要**になります。

聞く力とは、単純に相手の言うことを理解するだけではありません。

例えば、もしあなたの話し相手が、「私、コブクロのファンなんですよ」と言ったとします。このとき、話す力を意識している人は、「コブクロはストリートからスタートしましたよね。私もストリートミュージシャンの歌を聴くのが好きなんですよ」と自分の話に持っていこうとしがちです。

しかし、相手は、本当はコブクロについて話したいことがあるのです。それなのに話題を奪ってしまったら、相手は自分の話ができなくなってしまいます。

さらに、注意したいのは、ここで「いつからファンですか?」「おすすめの曲は何ですか?」というように質問してしまうと、相手が本来話したかった方向からそれてしまう可能性があるということです。

ですから、人の話を聞く時はいきなり質問をしたり、聞きたい方向に誘導したりせずに、「そうなんですね、ファンなんですね」と相手の話を受け入れ、**話し手がどの方向に話を進めたいのかを見極めることが大事**です。

そうすれば、その人は自分の言いたいことを話すことができます。話したいことを話せるからこそ、会話は盛り上がるものです。

また、人の話を聞く時は、**笑顔でうなずくことも大切**です。人前で話す時は、誰でも緊張するものです。そんな時に笑顔でうなずいてくれる人がいたら、話しやすい雰囲気になるし、相手も、気持ちがいいものです。

さらに、相づちを打つ場合には、否定をするのをやめましょう。否定的な意見を言うと、相手は、それ以上話をしたくなくなってしまいます。

▼ 相手の話を引き出すには順番がある

コミュニケーションが上手な人は、相手がどんどん話したくなる話し方をしています。

相手の話を引き出すには、相づちの順番があります。それが、**「感嘆、反復、共感、称賛、質問」**です。

まず、1つ目の「感嘆」ですが、これは相手の話を聞いた時に受ける感銘を表現します。言葉の後に、ビックリマークとか、ハートがつくイメージです。さらに「そうなんですか」ではなくて「そうなんですかあ」と語尾を伸ばすことで、しっかりと言葉に感情が入ります。

2つ目の「反復」は、相手の話を繰り返すことです。「私、カレーが大好きなんです」と言われたら、「おお、カレーいいですね」と、話を反復することで相手は次の話をしやすくなります。

3つ目の「共感」は、相手の話に感情を込めて理解を示すことです。「分かります」「大変でしたね」「よかったですね」など、相手の感情に寄り添う表現をしましょう。相手の話に深くうなずき、相手と同じ表情をしながら、時に勢いよく、時に静かに言うのがポイントです。

4つ目の「称賛」は、相手を評価することです。「すてきですね」「すごいですね」「さすがですね」と、感情を込めて相手を乗せながら話しましょう。

そして、最後の「質問」ですが、これは、具体的な質問ではなく、相手の話を中心に展開させていくために、「それで、それで?」とか、「それからどうなったの?」とか、「ねえ、もっと続き聞かせてよ」というように、相手の話を追いかけるような質問を投げかけるということです。

もし、相手の悩み相談を受けているのであれば「今は大丈夫? つらくな

い？」といったフレーズも質問にあたります。いいタイミングで質問が入ると、相手の話に、どんどんドライブがかかっていきます。そして、相手は無理なく自然に話を展開していくことができるでしょう。

　人間は、自分が思っている以上に相手の反応を気にしています。それは、受け答えの内容だったり、表情だったり、声だったり、身振り手振りだったりします。相手が無反応だと、だんだんと話したいという気持ちがなくなってしまいます。

しっかりとリアクションを取るようにしましょう。

4

【 読 書 力 】

すべての知識の「ベース」は
ここから得よう

読書量の差が
年収の差になる

僕は、公認会計士になって起業をしようと考えた時から、1日に2冊、年間7
30冊の本を読んで勉強するようになりました。その読書習慣は今でも続いてお
り、現在は、1日2冊、読んだ本について解説した動画を「YouTube図書館」
というチャンネルにアップしています。

なぜ、たくさん本を読むのか。それは**読書することで知識が増え、仕事の生産**
性やクオリティーが上がるからです。生産性が上がると、仕事が早く終わります。
すると、ますます自由な時間が増え、読書する時間が増えるという**プラスのスパ**
イラルが回り出します。

▼日本のビジネスマンは読書量が少なすぎる

ビル・ゲイツやウォーレン・バフェットのような大富豪を含む富裕層と、年収300万円前後以下のビジネスマンの読書量を調べた研究データが、アメリカの「Business Management degree」に掲載されています。

それによると、富裕層の88％が1日30分以上ビジネス書などを読んでいましたが、年収300万円以下の人は、わずか2％でした。

富裕層の86％が読書家で、富裕

富裕層と年収300万円以下の読書量について

● 1日30分以上ビジネス書を読む

富 裕 層	88%
年収 300万円以下	2%

● 読書家である

富 裕 層	86%
年収 300万円以下	26%

● 移動時間にオーディオブックを聴いている

富 裕 層	63%
年収 300万円以下	5%

【出典】Business Management degree

層の63％は、移動時間にオーディオブックやYouTubeを視聴しています。

そこで僕が日本のデータを調べたところ、日本では、20代、30代のビジネスマンは、1カ月に平均0・26冊しか本を読んでいませんでした。しかし、30代で年収3000万円の人は、平均で9・88冊、本を読んでいます。その差は、38倍にもなります。

僕に言わせれば、時間がないから読書ができないのではなくて、**「読書をしないから時間がない」** のです。

「時間がないから読書ができない」 というセリフは、**僕は絶対に言ってはいけない** ことだと思っています。

実際僕は、毎日、朝起きたら本を読み、寝る前も本を読み、隙間時間も本を読んでいます。例えば、打ち合わせ場所には、できるだけ30分前に行き、読書をしています。

また、実はこれは分散効果といって、朝は通勤電車、昼はカフェ、夜は寝る前のベッド、おやつの時間はリビングで読むというように、場所を変えることによって、より理解力が深まるという利点もあります。

そもそも、仕事というものは、期日までに終わらせることが大前提です。徹夜をしても仕事は終わらせますし、その一方で、どんなに忙しかったとしても、毎日、食事も風呂も歯磨きも、必ずみなさんしています。

ですから、**読書ができないのは、「時間がない」のではなく、読書や勉強の「優先順位が低い」ことにほかなりません。**

知識や知恵があれば出世したり、独立することもできます。雑誌『プレジデント』がまとめた「年収1800万円の勉

日本のビジネスマンの読書量（1カ月平均）

20代・30代	0.26 冊
30代で年収3000万円	9.88 冊

【出典】Business Management degree

強法」という記事に掲載されているアンケート結果によれば、40歳以上で年収1800万円以上の人は、月に平均5・4冊読んでいるそうです。それに対して年収600万円台の人は、月に平均2・5冊というデータが出ています。つまり、**読書量が2倍の人は年収が3倍になる**ということです。

このように**読書と年収には相関関係がある**のです。

年収を伸ばして幸せになりたい人、仕事で成果を上げたい人は、読書量を必ず増やすこと、読書の優先順位を上げるということが非常に大事です。

ちなみに孫正義さんは、起業した若い頃は、3年間で4000冊の本を読んでいたそうです。

ぜひ、これまで読書が習慣としてなかった人も、まずは週1冊でよいので読書に取り組んでみてください。週に1冊読めば、月に4冊、年間で48冊になります。

もちろんただ読めばいいというわけではなく、学びを成果に変えることが大切ですが、**まずは週1冊を習慣にしてみましょう。**

▼ 読書は、いろいろな人の失敗と成功の気付きを学べる

例えば、プロスポーツ選手は、トレーニングに80％の時間を使い、試合に20％の時間を使うと言われています。

しかし、ビジネスマンは、そうではありません。多くのビジネスマンは、仕事にほとんどの時間を使っていて、勉強時間はごくわずかです。

例えば、1日8時間、週40時間働いて、1カ月160時間働いているとすると、読書時間は1％、1・6時間に満たない人がほとんどではないでしょうか。

つまり、**仕事が99％で、読書はたった1％**です。

試合に勝つためにプロスポーツ選手が練習をするように、ビジネスにおいても、**学びなくして成功することはあり得ません**。しかし勉強に費やす時間がごくわずかの状態では、成功できるはずがありません。

ここで言う「学び」とは、単に知識を入れるだけでなく、入れた知識をベース

にして、**自分で深く考えること**です。深く考えることを、ラディカルラーニングと言いますが、これは2章の思考力にもつながることです。このラディカルラーニングをすることが、本当の意味での学びとなります。そのためにも読書は必須の行為と言えるでしょう。

学生の頃は、「義務教育」で、嫌々勉強していた人も多いかもしれません。しかし、僕は、**大人の学びは、「権利教育」**だと考えています。

「権利教育」とは、自由な学びです。自分でテキストを決めていいし、目標も期限も、自分で決めていいのです。

学ぶことは、人に言われるからするのではなく、自分の権利です。ですから「権利教育」なのですが、そのベースとなるのも読書です。

読書は、本を通じて、さまざまな人の成功や失敗が学べます。特にビジネス本の内容は、仕事で成功している人の実話、ノウハウ、人生経験などがほとんどで

す。ですから、著者になっている人たちの10年分の知識や経験が、1冊の本、金額にしてわずか1500円程度で学べるわけです。

成功の理由というのも参考になりますが、**僕が勉強になるのは、失敗した理由や、失敗した時の心構え**です。

エジソンの2万回の失敗のエピソードを例に出すまでもなく、人間は、何かに挑戦する時、一発で成功するということはまずなく、必ず成功する前に失敗をしています。

しかし、多くの方は、起業、ビジネス、転職など、失敗への心構えができていません。

例えば起業しても5年続けられるのは10％、10年後に生き残っていることができるのは1％とよく言われます。どこかで失敗をして倒産をしたり、会社員に戻るのです。

しかし、読書で他人の成功談や失敗談を学んでいれば、自分が失敗をしたとしても、焦ることはありません。月収が下がる、会社が潰れる、リストラにあうなどといったことが、すべて想定内となるからです。

ウォルト・ディズニー、カーネル・サンダース、マッカーサーなど、世界的な偉人も、必ず失敗をしています。このあたりのエピソードについては、『失敗図鑑 すごい人ほどダメだった！』（大野正人／文響社）という本がおすすめですが、これを読むと、偉人と言われる人たちが、失敗から何を学び、どういう心構えで行動して成功をしたかが分かります。

つまり、読書によって人の成功や失敗を前借りして学ぶことが、**最短で成果を出すことにつながる**のです。僕の YouTube 図書館でも解説動画をアップしていますが、ぜひ本を購入して読んでみてください。

先にお伝えしたデータでも分かるように、圧倒的に今の日本人の多くの人たち

読むだけではない
効果的な読書法とは

これまでの著書でも何度かお伝えしていますが、僕は、**成功するには、「量・質・スピード」の3つが大事**だと思っています。これは読書にも言えることです。

僕は大学受験に失敗し、結局2浪をして20歳で大学に入りましたが、その時、もっと早くよりたくさんの受験勉強をしておけばよかった、と心の底から思いました。

なぜなら、大学受験をする人が学年に数人しかいない高校に通っていたので、大学受験を目指し、本格的に受験勉強を始めたのは、高3の夏休みからだったか

は、読書量が足りていません。逆に考えれば、そこで読書をすれば、人と差を付けることができるというわけです。

らです。

そこで、20歳以降は、勉強も仕事も、できるだけ早くたくさん行うように心がけてきました。今の書籍を読むスピードや量も、この20歳の時に学んだことです。

同じ量をこなせる人が2人いた場合、**早くから取り組んだ人のほうが、先に結果が出るのは、自明の理**です。

ですので、これまで読書習慣がなかった人は、最低でもまずは週1冊から始め、どんどん読書量を増やしてほしいのです。

▼読書＋αで深く学ぶ

本を読む時は、まず読書の目的や目標を明確にすることが大切です。

転職のため、資格試験のため、コミュニケーション能力アップのため、思考力を鍛えるため、営業の成約率を上げるため、起業するため、貯金をいくらためる

ため……というように、目的を明確にすることで、どんな本を読むかというのが決まってきます。

例えば外資系に就職したい場合、英会話教室に通ったりして、英語のスキルアップをはかりますが、読書もそれと同じです。しっかりと**目的を明確にすることが大事**なのです。

最近の僕の場合、本を読むのは、自分のチャンネルである「You Tube図書館」で視聴者に良書を紹介することが目的のことも多いです。これは、「金川さんがどんな本を読んでいるのか知りたい」という声が多くて始めたものです。

このように自分のためだけに本を読むのではなく、誰かのため、世の中のため、というように＋αの目的を追加する、というのもありだと思います。

人間、自分のためだけよりも、人のためのほうがモチベーションを維持できたりもします。

また、読書をするにあたって効果的な方法として、読書と並行して、**自分がこ**
れから読む書籍の解説動画を見ることをおすすめします。

僕以外にも書籍の解説動画をアップしているYouTuberなどはたくさんいま
す。同じ本でも、解釈の仕方や、参考になった点などは、紹介する読み手によっ
て違ってくるので参考になりますし、**自分以外の視点を取り入れることで、理解**
も深まります。

さらに、読書と並行して行ってほしいのは、自分が読んでいる本の内容に関連
した動画を見ることです。YouTube上で、営業のノウハウ、投資のノウハウ、
転職のノウハウ、出世のノウハウ、考え方というのをアップしている人がたくさ
んいます。

これらの動画を1日1〜2本見るというのも非常におすすめです。**目で学ぶだ**
けではなくて、しっかりと耳でも学ぶと、より理解力が高まります。

また、読書をする時におすすめしたいのは、「ウォーリーをさがせ遊び」と僕が呼んでいる方法です（笑）。

本を読んでいると、時々、前に別の本で読んだ内容と、表現は違っても同じことを言っている記載を見つけることがあります。僕はこれを「ウォーリーを探せ遊び」と呼んでおり、読書が「最高に楽しい！」と思える瞬間の1つはこういった時間にあります。

読書をしていて、似ている内容、同じ内容を見つけた時は、「これ、あの本でも同じようなことが書いてあったな」と本当に興奮します。

読書は、このように「ウォーリーをさがせ遊び」や、犯人探し、鬼ごっこのような側面があります。毎回、今までに読んだことや知っていることと同じことがどこかに書いてないかな、という視点を持つと、途中で挫折せずに読書をすることができるのです。

読書をたくさんしている人、勉強をたくさんしている人は、これはこの本にだ
け書かれている内容なのか、他の類書にも書いてあるか、共通点や相違点も見え
てくるので、**多面的な視点も身に付けることができます。**

▼本は読む前に内容を予測し、3回読む

続いて、具体的な読書の仕方ですが、僕が実践しているのは、**1冊の本を30分
かけて3回読む、**という方法です。

まず、**本を手に取ったら、表紙から本の内容を予測**します。表紙には、本の内
容についてのたくさんのヒントが隠されています。

例えば、『はじめての人のための3000円投資生活』（横山光昭／アスコム）
という本であれば、そのタイトルから、この本は3000円から始められる投資
の方法について書いてある本だと予想することができます。

投資には、たくさんのお金が必要なイメージがありますが、このタイトルから、

この本に書かれていることは、意外と少額（＝３０００円）からでも取り組める

ことが書かれているんだろうな、ということも分かります。

また、『ＡＩ　ｖｓ.　教科書が読めない子どもたち』という本であれば、この本は、

ＡＩは教科書が読めるのに、最近の若者はなぜ教科書が読めないのかが書かれて

いる本だと予測できます。

もちろん、タイトルから想像できる内容を裏切るような作りをしている本もた

くさんありますので、この予測は当たっていても、当たっていなくてもどちらで

もかまいません。まずは**タイトルから予測をして、**

思考力を鍛えることが大切な

のです。

そして、カバー、帯、タイトル、著者名など、初めて見る単語や著者の場合は、

自分で言葉の意味や著者の略歴を調べます。

続いて目次を見て、本にどんな内容が書いてあるかをざっと確かめた後、「は

「じめに」と「おわりに」を読みます。「はじめに」には、著者がこれからどういう主張をするかが書いてあるケースが多いからです。

そして、「おわりに」を読むことで、本のゴール、目的が分かります。

そこまでを行ったら、いよいよ読み始めます。**1回目は速読**です。

本に書かれていることの中で重要なことは、僕は2割だと考えています。200ページの本であれば40ページです。この40ページがどこなのかを見つけるのが1回目の速読での作業です。

1回目で取捨選択したページには、付箋を貼ったり、マーカーを引いたり、僕の場合はドッグイヤー（折り目）を付けています。

2回目に、この印を付けた部分を真剣に熟読します。このときに僕がするのが**「芸能記者読み」**と呼んでいる方法です。本を読むのではなくて、本を取材するように読むのです。

例えば、誰か芸能人が不祥事を起こした時に、芸能記者は、その芸能人に「何でそんなことしたんですか」などと、いろいろ突っ込みます。ああいうイメージで本を読むのです。

本を読みながら、「これ、本当?」「これ、どういうことなの?」「何でこういうこと言うの?」というように、質問をしたり、議論に参加したり、**本と対話を**します。

3回目は、**「要約読み」**をします。これは、読んだ後にこの本に何が書かれていたのか、30〜40文字で言えるようになることを意識しながら読む方法です。

学びを成果に変えられない人は、「分かった気になっている」人です。みなさんも、過去に読んだ本で、内容を覚えていない本や、身に付いていない本がたくさんあると思います。

一言で本の内容を言い表せなければ、分かっていないのと同じなのです。

例えば最近読んだ本の内容を思い出してみてください。その本で一番何を伝え

たかったかを話せなければ、読書をしている意味はありません。

その本の中で、一番価値の高いところ、著者が熱い思いで世の中に伝えたいメ

ッセージを読み取ります。

そして、本当に、その本を理解できているかを知るために、30文字とか40文字

で要約できるかどうか、どうやって内容を人に話したらいいかを意識しながら読

むのがこの3回目です。

1回目の速読が10分、2回目の20ページの熟読が10分、最後の3回目の要約読

みが10分、合計30分で、1冊の本を読み終えます。

本の読み方には、**マクロ読みとミクロ読み**の2つがあります。しかし、多くの

人は、ミクロ読みの視点しか持っていません。開いているページ、文章を1文ず

つ理解しようという読み方です。

この読み方で読むと、本を読んでいるときは理解ができるのですが、全部読み終わった後に、結局何を伝えたかったのかが分からないことが多いのです。そこで、速読や熟読、要約読みでマクロの視点をプラスすることが大切なのです。

▼アウトプットまでが読書力

読書は、読むだけで終わりではありません。

できれば**読書はアプトプットまでをセットにする**と、より読んだ本の内容が自分自身に定着します。

ここでいうアウトプットとは、本を読み、自分がどう思ったか、どう感じたかというのを書き出していくことです。

僕は、YouTubeにアップするためなのもありますが、3回読み終わったあとには、1冊の書籍の解説を、大体1000字から2000字の文章にしています。

また、2回目の熟読読みの時は、自分の思い、感じたこと、疑問に思ったことなどもメモしながら読んでいます。

そして、3回目を読み終えたら、すぐアウトプットをします。なぜなら、アウトプットをしないと脳に定着しないからです。僕の場合は、「YouTube図書館」にアップする動画を撮影することで、アウトプットをしています。

動画撮影の前に、特に解説したい部分を20ページぐらいに絞り、余白部分にまずは本全体の要約を書き、自分が感じたこと、新しい気付き、疑問に思ったことを書き入れます。

また、本を読みながら、自分の体験に重ねて落とし込める部分があれば、具体例を書き込みます。例えば中学生の野球部時代の経験、高校生で音楽をやっていた時の経験、大学受験、会計士試験などです。

このように、実際に本に手で書き入れることで、頭の整理もでき、書籍の内容

が腑に落ちるのです。

学生の場合は、定期的にテストがあるので勉強したことをアプトプットできますが、社会人はテストがないので、学んだことをアウトプットする場を自分で作る必要があります。

そのために、読んだ本の内容や、そこで学んだ内容を書き出しておく、つまりアウトプットしておくことは、とても需要です。

読書で得た知識を自分のものとして使いたいのであれば、**インプットだけではなく、必ずアウトプットすることが大事**なのです。

5
【 数 字 力 】

明確に正しく
「事実」を知ろう

数字はビジネス界の世界共通言語

大学受験などでは、よく「文系」「理系」という言葉が聞かれますが、この本を読んでいる方は、圧倒的に文系の人が多いのではないでしょうか。なぜなら文系の大学、学部を卒業した人たちの進路としてビジネスマン、理系の大学、学部を卒業した人たちの進路としてエンジニアが一般的だからです。

高校時代の進路で、文系・理系に分かれるとき、数学や物理が苦手だから、歴史などの暗記物が得意だから、という理由で文系の経済学部や商学部、法学部などに進学し、そこを卒業したというビジネスマンは、とても多いです。

そのため、ビジネスマンは数学が苦手という人が多いのですが、**ビジネスマンこそ、数字や数学に強くなることが大切**です。

▼数字を知ることで、客観的判断ができる

ビジネスの世界は数字で成り立っています。

数字は世界共通です。

業界・業種の違いを超えて、あらゆるビジネスで使われている共通言語です。

数字が苦手という時点で、ビジネスの世界で勝つことはできません。

文系ビジネスマンは、MBAの資格を持っていたり、高い英語力よりも数字が読めるほうが、圧倒的に仕事に役立ちます。

例えば、昔からある詐欺の手法で、ポンジスキームというものがあります。

これは、1910年代から1920年代にアメリカで活動したビジネスマンであり詐欺師でもあったチャールズ・ポンジという人が編み出した詐欺手法で、驚くべきことに、今の日本では、いまだにこの詐欺が横行しています。ビジネスマンはもちろん、芸能人や有名人でも、かなりの人がだまされています。

詐欺師からは、まず、高配当の投資案件を持ちかけられます。例えば、100万円を最初に一括で出資をすると、3年後に元金が戻ってくるまで、毎月10％の配当金がもらえると説明されます。つまり、1カ月10万円ですから、1年で120万円の配当金がもらえるというわけです。

3年間で360万円の配当金と、出資金の100万円が戻ってくるので、100万円が460万円になるという計算です。

ポンジスキームは、大体200万円からというのが多く、200万円を一括で預けると、毎月配当金が20万円もらえます。

そして、この詐欺の巧妙なところは、最初の数カ月は、きちんと配当金が支払われるというところです。

1カ月目で20万円の配当金が支払われ、2カ月目も20万円支払われます。そうすると、だまされる人はすっかりこの詐欺師を信用してしまい、さらに300万円、500万円と出資金を出してしまいます。

しかし、その300万円、500万円の配当金を1〜2回払ったところで、相手は消えてしまいます。つまり連絡が取れなくなって、初めて詐欺だと気が付くのです。

しかし、**世界最高の投資家のウォーレン・バフェットでも年22%の利益しか得られない**と言われています。つまり、それ以上においしい話というのは、基本的にウソなのです。

例えば、**みなさんが大根を買うのに1本5000円と言われたら、絶対に買わない**と思います。なぜ買わないかといえば、**相場を知っているからです**。

ではみなさんは、投資の相場を知っていますか？ 年収の相場、貯金の相場、世界の税金の相場など、全てにおいて数字があります。

それだけではありません。投資の世界には、単利と複利があります。アインシュタインが人類最大の発明と言ったのが複利ですが、単利と複利が、実際の金額でどれくらいの違いになるかを知っていますか？

100万円を年5％で30年間運用した場合、単利の場合は250万円になります。

しかし、複利の場合は約432万円になります。

単利の場合は100万円に5％掛け、5万円が毎年積み重なるので、5万×30年で150万円ですが、複利は、1年で105万円、2年目は、105万円に5％がつくので111万2500円ぐらいになります。そうやって、毎年1・1％を掛けるので、利息も回せるわけです。

こういった**数字の仕組みを知らないと、ビジネスの場でも損をしてしまうこと**になりかねません。

▼ 確率を使い、必要なものと不必要なものを分ける

例えば、ちょっとビジネスの話とはそれますが、保険に加入する時も、この**数字力があれば迷うことはありません**。僕が数字を用いて分析したところ、人生に必要な保険は３つしかありません。

保険の加入を考える時に必要な考えは、「確率」と「損」です。この２つを縦軸と横軸にしてマトリックスで考えるべきです。発生する「確率」が低いか高いのか。発生した時の「損失」が低いのか高いか。この２つを軸にして考えるべきなのです。

このマトリックスの中で、どういった保険に入るべきなのか。当然、確率が少なくて損失が少ないものに関して言えば、発生もしないし、仮に発生したとしてもダメージは小さいので、貯金でまかなうことができます。

また、確率が高くても損失が小さいものも、入る必要はありません。まさに医

療保険も、病気やけがをする確率は高くても、医療負担は小さいので、これも入る意味はありません。

そして、損失が大きくて確率が高いというものは、そもそも、この世にはありません。例えば、ジェットコースターに乗った人のうち、10人に1人が亡くなるとしたら、誰も乗らないと思いますし、保険会社も儲かりませんから、保険商品としても成り立ちません。

そこで、**加入すればいいものは、「確率が低くて、損失が大きいもの」**となります。それは、**「生命保険」**と**「火災保険」**と**「自動車保険」**の3つです。

例えば、40歳男性の死亡確率は平成30年厚生労働省の簡易生命表によれば、約0・1%です。**40歳の人の1000人に1人が亡くなった**ということです。結婚して妻や子どもがいる人にとって、平均寿命まで生きた場合に比べて、損失は数千万から数億円にのぼります。

独身の方はいいかもしれませんが、自分が亡くなったら生活に困る家族がいる場合は、保険に入っておくのがおすすめです。

火災保険に関しては、総務省消防庁の消防統計令和元年に、1年間での住宅火災発生率が0・035%とあります。**大体3000人に1人ぐらいなので、発生率としては低めです。** しかし、損失額は数千万から数億円です。

住宅価格だけでなく、周囲への影響や賠償価格次第ですが、リスクはかなり高いと言えるでしょう。

さらに確率として住宅火災よりも低くなるのは、自動車事故で人を死なせてしまう確率です。警察庁の交通局が出している令和元年の交通事故の発生状況によれば、0・0039%です。**3万人に1人ぐらい**ですから、ほぼゼロに等しい数字です。

しかし、事の重大さでいえば、火災保険の比ではありません。車を運転する人

は、自賠責保険だけでなく、任意保険にも加入すべきだと思います。

それ以外の保険に関しては、いろいろなものがありますし、いろいろな考えがありますが、お金を貯めるという観点で見れば、絶対に入らなくてはいけないわけではないと思います。

医療保険、養老保険、貯蓄型生命保険、個人年金保険、学資保険、ペット保険、地震保険、外貨建ての保険など、いろいろな商品がありますが、基本的には僕は必要ないと思っています。

ただし、貯金をしても使ってしまうタイプの人などは、積立型の保険に加入をしてもよいと思いますが、むやみやたらに保険に加入するのではなく、一度、**数学的、確率的な観点から見直しをするとよい**でしょう。

数字に強くなれば
収入もアップする

企業のトップや、起業をしている人は、日々資金繰り表や利益などをチェックして、数字と向き合ってビジネスをしています。企業であれば、社長だけでなく、取締役、さらには営業部を中心に部長クラスの社員なども数字をよく見ていることでしょう。

しかし一般的な会社員となると、そこまで数字を見る必要がありませんし、見る機会もありません。どちらかというと、自分の仕事をしっかりこなすほうにフォーカスをしてしまいがちです。

ですが、トップの目、つまり**数字を通して会社の状態を見ることを知っておく**ことは、転職、副業、起業など、何か自分が成果を上げるといった立場になった時にとても役に立ちます。そこで今は一般的な会社員の立場であったとしても、

自分には関係ないとは思わず、しっかり学んで数字に強くなってほしいと思います。この数字とは、つまり**会計の知識で会社の数字を読む**ことです。

僕も『すごい会計思考』（ポプラ社）、『80分でマスター［ガチ速］決算書入門』（扶桑社）という本を書いていますが、会計の知識は一生使えるので、ぜひ学んでほしいと思います。

▼ 売り上げがあっても、倒産する会社がある

会社の利益には5つあります。売上総利益、営業利益、経常利益、税引前当期純利益、当期純利益です。この5つのことをよく分かっていない方は、正直言って会計の勉強不足です。

売上総利益は商品の儲け、営業利益は本業の儲け、経常利益は本業の儲け＋財務面での損益も加えたもの、税引前当期純利益は臨時的な特別損益を加味した後、法人税や住民税、事業税を払う前の利益、当期純利益は、それらの税金を引いて、

最終的に残った利益です。

これらは、簿記3級の商業簿記という科目で習うものです。簿記3級は、商業高校の生徒が真面目に授業を受けて理解できれば合格できるレベルです。そして、簿記2級では、商業簿記にプラスして、工業簿記が試験に出ます。

工業簿記とは、簡単に言えば、工場で材料を作ったり、人を雇ったり、間接費と呼ばれる経費をかけて利益を上げる数字です。

工業簿記では、よく限界利益という話が出てきますが、この限界利益をしっかり学ばないと、ビジネスは黒字化しません。この限界利益とは、売上高から変動費を引いたものです。

固定費は、家賃や人件費など売れても売れなくてもかかる費用で、変動費は原価や出荷の送料など、売れれば売れるほどかかる費用です。

例えば売上高が100万円で変動費が30万円だとしたら、変動費率は30%です。売上高が50万円であれば、15万円、300万円なら90万円です。利益を上げるに

は、固定費を抑えるだけでなく、この変動費も抑える必要があります。

また、最近では、売り上げが上がっているのに、現金がないという会社も増えています。

これを聞いて、どういうことなのか、すぐに答えの想像がつく人は、ある程度会計の基礎ができている人だといえます。商売というものは、もともとは現金商売でした。昔は、ネット販売やクレジットカード払い、いわゆる信用取引というものはなかったので、すべてやりとりは現金払いでした。

現金払いの場合は、入金も出金もその場でするものなので、売り上げがあれば、その場でお金が入ります。しかし今は、ネット販売などはクレジットカード払いのように信用取引で行われるので、商品が売れても、カード会社からは1カ月遅れの月末に入金される仕組みになっています。

そうなるとどうなるか？　手元に現金がなければ、新しい商品を仕入れること
ができません。上場企業は、売上高の3カ月分ぐらいの貯蓄があるので、資金繰
りが可能ですが、中小企業・ベンチャー企業は、売り上げの1カ月分程度のしか
蓄えがない企業も、たくさんあります。

そこで、今回のコロナ禍のように、休業要請がなされて1〜2カ月収入が途絶
えると、あっという間にビジネスが回らなくなる会社も多いのです。

仮に売り上げがあっても、手元にお金がなく、仕入れもできずにビジネスも駄
目になり倒産するというのが、典型的なケースです。

会社員であっても、給料＝売り上げ、固定費＝家賃や光熱費、変動費＝交際費、
娯楽費というように考え、一度収支を見直してみるとよいでしょう。先の大企業
の考えになぞらえれば、個人であっても、貯蓄は最低でも給料の3カ月分は必要
であると言えます。

▼ 決算書を読めるようにする

株式投資や転職で、特に役に立つ数字が、「決算書」です。決算書を読めるようになっておけば、**業界のトレンドや勤め先の現状を客観的に分析できるように**なります。

決算書を読むことで、自社と他社を比較できたり、高い成長率を誇る他社への転職を決意できたりします。また、起業をしたい人であれば、どういう事業で起業すれば成長性が見込めるかといったことも分析することができます。当然、投資にも役立ちます。

とはいえ、「決算＝難しい」と誤解している人が多いと思います。日本人の義務教育における数学力は非常に高いと言われていますが、ファイナンシャルリテラシーが欠けている人が少なくありません。

野球にたとえるなら、練習中のキャッチボールでは豪速球を投げていたのに、

いざ試合となると全くストライクが取れないピッチャーのようなものです。

決算書を作るのには、簿記はもちろんのこと、財務諸表という理論や会計に関する法律の専門知識が必要です。しかし、だからといってあまり難しく考える必要はなく、決算書はコツさえ学べば誰でも読むことができるのです。

決算書というと難しく感じますが、数字アレルギーのある人は、**他人の家計簿をのぞくつもりで読む**といいでしょう。決算書は、会社の家計簿。実はそれぐらい簡単なものなのです。

決算書の書類には3つの種類があります。それが損益計算書（P／L）、貸借対照表（BS）、キャッシュフロー計算書（CS）です。

家計簿でたとえると、損益計算書（P／L）は、収入と支出が書いてあるもの。つまり収益、費用、利益といった企業の経営成績が記載されたものです。貸借対照表（BS）は、今の通帳の貯金残高、財布に入っている金額、ローンなどの負

債、つまり企業の財政状態が記載されたものです。キャッシュフロー計算書（CS）は、収入と支出を現金ベースで記載したもの、つまり営業活動や投資活動、財務活動によるキャッシュフローを記載したものです。

損益計算書（P／L）とキャッシュフロー計算書（CS）の違いは、損益計算書は収益や費用が発生したタイミングで計上し、後者は実際に入金や支出されたタイミングで計上するというところです。

例えばホテルのカフェで、アイスティーを頼んで、カードで決済をしたとします。カフェの売り上げにアイスティー代は計上されますが、実際の入金はクレジットカード会社から入る来月になります。

そこで収益や費用の案件が発生したタイミングと、実際に現金での入金や支払いによるタイミングのずれを見るために、損益計算書（P／L）とキャッシュフロー計算書（CS）の2つがあるのです。

136

これら3つが並んだものは、株主向けにパワーポイントで分かりやすく作成された決算説明会資料に書いてあり、通常は会社のホームページに掲載されていますから、それを閲覧してみるといいでしょう。

そして、この説明会資料で読み方に慣れてきたら、次に決算書を短くして報告した決算短信や有価証券報告書を見られるようにしていきましょう。

▼ 決算書から企業の将来を予測する

企業の将来は、**過去を正確に理解することで、ある程度の予測ができます**。決算は1年間の過去の数字をまとめたものなので、1年分だけでは、未来が明るいのか暗いのかの判断は、見る人の見方によってそれぞれ異なります。

そこで、過去の情報について圧倒的な量を集め続けると、事業の行く末を何となくでも読み取ることができるようになります。

まず行うべきことは、決算を四半期ごとにチェックすることです。上場企業は第1四半期、第2四半期、第3四半期、年度末決算という形で3カ月に1回決算報告をします。

続いて、成長率を確認します。これは株をやっている人であれば非常に重要ですが、株式市場では成長率が全てです。A社とB社の売上高、利益額が同じでも、成長率の違いで株価に大きな違いが出るので、必ず成長しているかどうかを見るようにします。

続いて、1社だけではなく類似企業の決算も分析比較をします。

例えば、ECビジネスであれば、Yahoo!ショッピングと楽天市場、広告ビジネスであればFacebookとYahoo!などを比較するようにします。

さらに、1つの企業でも、どの部門の事業が伸びているかに注目します。例えばクックパッドは、決算を見ると、国内のプレミアム会員の純増数は減っていますが、海外の会員数が増えています。

5

【 数 字 力 】
明確に正しく「事実」を知ろう

食べログは、決算書を見る限りは、レストラン予約サービスにおける店舗の課金が増えています。ユーザー側としても、一度オンライン予約をしてしまうと電話予約にはなかなか戻れませんから、オンライン予約には、まだ伸びしろがあります。

このように決算が読めると、**企業の分析ができ、転職や企業にも役立ちます。**

ビジネスは数字です。数字に弱ければ、転職や起業など、仕事で不利な立場になりますので、ぜひ日々、数字力を身に付けるようにしましょう。

6
【当事者力】

何事も他人事ではなく
「自分事」として考えよう

当事者意識の有無が
プロとアマチュアの差になる

僕は、どんな組織でも、そこには2種類の人間しかいないと思っています。

それは、**プロフェッショナルとアマチュア**です。組織におけるプロフェッショナルの割合は前者が20％で、残り80％がアマチュアです。

よく売り上げの80％は20％の商品が生んでいるとか、20％の営業マンによるものであるとか、組織というものは2：8の法則に当てはめられると言いますが、まさに、この80％アマチュアは、20％のプロのおかげで仕事がもらえていると思っています。

例えばアーティストにしろ、スポーツの世界でも、大体どの世界においても、20％のプロが輝かしい成績を出し、残り80％は、そのプロの周囲で派生する仕事で生活をしています。

では、そのプロフェッショナルとアマチュアでは何が違うのでしょうか。

答えはシンプルで、僕は、役職や才能、能力でもなく、**「当事者意識があるか**

どうか」だと思っています。当事者意識とは、つまり当事者力のことです。

プロフェッショナルの人には、圧倒的な当事者力、当事者意識があります。そ

してこのプロとアマに、年齢は関係ありません。

ですから20代、30代のプロフェッショナルもいれば、40代、50代のアマチュア

もいるのです。

▼当事者力とは、広い視野を持っている人のこと

当事者意識とは、その事柄に**自分が直接関わっている人間だと認識している人**

です。

自分が関わる仕事や物事を、自分のものと捉えて取り組む姿勢が当事者意識で

す。言われたことだけしかやらないのではなく、言われなくても、積極的に考えたり、動いたりすることができる人です。

任された仕事に対して、他人事に思ったり、やらされていると思っている人は、当事者意識が低いと言えるでしょう。

拡大解釈をすれば、**当事者力とは、「誰かのために」「世の中のために」といった、広い視野を持てる力**のことです。

もし、みなさんがプレゼンをする機会があった時に、例えば、前日にカラオケで喉がカラカラになったとします。そこで当日の朝に蜂蜜を飲んだり、喉を癒やすために何かをするというのは、自分のことに対しては当事者意識が高いと言えます。

しかし、仮にプレゼンをするもう1人の仲間もその場にいて、その人も喉が嗄れていたとしたら、その人のことも自分事として捉えて、蜂蜜飴を渡したりできるかどうかが、アマチュアとプロの違いです。

プロフェッショナルな人は、当事者意識の視点が広く、あらゆることを自分事として捉えています。

そしてその意識を持っているか否かで、ビジネスや仕事といったプロジェクトに対するパフォーマンスが大きく変わります。

例えば、プロジェクトを他人事に思っている部下は、自己都合の勝手な発言や振る舞いをすることがあります。当事者意識がなければ問題意識を持てず、意思決定もできません。当然、質の高い仕事もできません。

当事者の対義語は傍観者です。これは、「俺、関係ねえよ」と、事態をただ見ているだけの人です。

当事者には、自主的な行動が伴いますが、傍観者は、評論家のように単にコメントを言うだけにすぎないことが多いのです。

▼どこまで当事者意識が持てるか

この当事者意識の幅というのは、物事に取り組んだ際に、**その人が本気かどう**

かのバロメーターにもなります。

仕事をする時に、その仕事は誰のためなのか。自分のためだけにしている人と、

お客様のためにもしている人では、本気度も違ってきます。

ほとんどの人は、当たり前ですが、自分自身に対しては当事者意識を持つこと

ができます。仕事も、自分の生活のために働いています。

その次に当事者意識がいく相手は、おそらく家族でしょう。家族がいない人は、

基本的に収入は上がりづらいというデータもあるほどです。

独身の人でも、将来の家族のためにと思えるかどうかで、仕事などのパフォー

マンスにも大きな差が生まれます。

146

6
【当事者力】
何事も他人事ではなく「自分事」として考えよう

その次は、プライベートから外れて、上司、部下、同僚のためです。

「上司にお世話になったから貢献したい」「仕事についてもっと教えられるようになりたい」「同期の中でナンバーワンになって、同僚たちにも仕事の秘訣を伝えたい」などなど。

そのあとに続くのは、仕事相手や取引先など、お客様の幸せのためです。ここまでの相手に当事者意識を持てる人は、かなりの少数派です。

以前、勉強会で参加者のみなさんにノートに目標を書いてもらったところ、ほとんどの人が自分自身についての目標しか書いていませんでした。

親友や恋人のためでもかまいませんが、自分が成長することだけを考えている人は、残念ながら当事者意識はとても低いです。

本当にできる経営者は、顧客がどうしたら幸せになるか、顧客がどうしたら成功するか、どうしたら今よりもいい世界が築けるか、会社や業界のために自分は

何ができるのかを考えています。

　自分の話で恐縮ですが、僕は自分を社会人として育ててもらった公認会計士の業界にはとても恩を感じていますし、何かしたいと常に考えていました。会計士の試験には受かっていたものの、大学を卒業して、社会人として、監査法人で3年間育ててもらったからです。何か貢献をしたいと考え『80分でマスター！［ガチ速］決算書入門』（扶桑社）という本を2020年に出版しました。本を読んだいろんな方から決算書の読み方が分かったという声をいただき、微力ながら会計士業界に対する恩返しができたと感じています。それが、僕が、**会計士業界に育ててもらったという当事者意識**なのです。

　1961年、35代アメリカ合衆国大統領のジョン・ケネディは、国民にこう言いました。「国があなたのために何をしているか、何をしてくれるのかを問うのではなくて、あなたが国のために何をなすことができるのかを問うてほしい」と。

当事者意識が低い人は
自力で解決せず他力本願

つまり、一人一人の国民に対して、当事者意識、問題意識を持って、国を変えていってほしい、ということを伝えたのです。

国民は、国が何かを与えてくれるものと考えがちですが、それでは国民としての当事者意識がありません。**自分こそが主役になって、国に何かを与える。**その意識があるかどうかが、当事者意識なのです。

当事者意識の反対は、お客様意識です。日本人は、自分で何かをするのではなく、**何かをしてくれると思うお客様意識が強い**のです。

ミーティングや会議でも、教えてもらえるというスタンスで、自分で質問した

り、より場を盛り上げたりするような、自分が参加者という意識がありません。

さらに、何か問題が起こった時も、こうなったのは社会のせい、会社が悪い、同僚のせい、家族のせいというように、誰かのせいにします。自分が主人公になっていないのです。

副業、転職、起業、不動産購入、投資……何だってそうです。誰かに反対されると、すぐにやめてしまいます。たとえていうなら、助手席や後部座席に座っている人は、当事者意識が低いのです。自分で何かを変えていこうという当事者意識や問題意識が欠けています。

▼当事者意識が低い人の特徴とは

ここで、**当事者意識が低い人の特徴**を、挙げてみたいと思います。当事者意識の低い人には、6つの特徴があります。

6

【当事者力】
何事も他人事ではなく「自分事」として考えよう

1つ目の特徴は、**自己肯定感が低い**ということです。

自分はできる人間だとも思っていませんし、価値のある人間だとも思っていません。もちろん、自分のことも好きではありません。

仕事に対しても自信がなく、「どうせ失敗するだろう」と考え、自分で積極的に仕事に取り組もうとしません。また、自信がないために、失敗しそうな仕事は避けるようになります。

2つ目が、**いつでも他力本願**でいるということです。

当事者意識が低い人は、仕事に対しても、「自分が任された仕事」という意識がありません。「やらなきゃいけない」というように、誰かに強制された must 思考なのです。

責任感も低いので、すぐに人に頼ろうとします。その結果、困ったことがあっても、自分で調べて解決するのではなく、すぐに人に聞いたり、できないと人に投げてしまったりします。

151

3つ目が、**責任転嫁ばかりする**という特徴です。

学生時代、テストの点が悪ければ、親のせい、家族のせい、脳みそのせい……いろんな「せい」にします。

太ってしまえば、体質のせい、誘惑が多いせい、であって、体重管理ができなかった自分は、棚の上です。

本来、会社には、自分が働きたいから入社したわけです。ですから、当然、仕事に責任感を持つべきです。しかし、仕事をミスしたり、計画どおり進まなかったり、スケジュールを誤ったりした時は、自分ではなくて周りや環境のせいにします。

4つ目が、**楽観的すぎる**ことです。

ポジティブなこと自体は、もちろんいいことですが、楽観的すぎるというのは問題です。単に、物事を甘く見ている人です。危機感がありません。

スポーツでも勉強でも、甘く見ると必ず負けます。「あのチーム、超弱いから余裕」「大丈夫だよ、練習しなくても」という感じで、負けてしまいます。

また、楽観的すぎる性格の人は、仕事で失敗した後の責任や損害なども考えられません。仕事に対して危機感が持てないので、当事者意識が低くなるのです。

5つ目は、**意志の弱さ**です。

駄目だと思ったら、すぐに途中で諦めます。諦めてしまえば、そこで試合終了です。

継続していく意志の強さがなく、情熱もありません。スポーツでも「絶対に勝つ」とか、勉強なら「絶対に合格する」、仕事であれば「絶対に契約を取る」といった意志がないのです。ですから結果を残すこともできません。

6つ目、**自己主張をしない**という特徴があります。

周りに自分の意見を積極的に言うことがありません。ビジネス上でも周りの意

見に流されるまま、他人の意見を軸に仕事をしています。自分事として仕事を捉えられず、仕事をやらされていると感じている人も多いです。

では、どうしてこのように当事者意識が低くなるのでしょうか。

それは、**自分で責任を負いたくない**からです。自分の責任から逃れるために、当事者意識を低くして、ミスをした時は、他人に責任をなすりつけるのです。

また、周囲の目を気にしすぎることでも、当事者意識は低くなります。人からの評価が怖いために、発言ができなかったり、行動もできなくなります。周りがいつでも助けてくれるような環境で育ってきた人も、頼ることに慣れ、当事者意識が低くなります。

人生は楽なほうへと流れる人や、仕事の本質や目的を理解していない人も当事者意識は下がります。

▼どうしたら当事者意識が身に付くようになるのか

当事者意識が高くなれば、**積極性が高まって、自発的に行動できるようになります**。仕事への意欲が上がり、仕事も楽しくなります。全て自分事で捉えるため責任感が強くなり、プロ意識が芽生え、自分自身も成長します。

では、どうすれば当事者意識が上がるのでしょうか。

まずは目の前の仕事に真剣になることです。

若い人は、「この会社でよかったのか」「もっと面白い仕事があるのではないか」と考えることが多いと思いますが、それは違います。

面白い仕事とつまらない仕事があるわけではなく、面白く仕事をする人と、つまらなく仕事をする人がいるだけです。当然、前者が当事者意識の高い人で、後者が低い人です。

勉強も読書も、上司との飲み会も、当事者意識が高くなれば楽しくなり、低くなればつまらなくなります。

目の前のことに向き合い、面白い仕事を探すのではなく、目の前の仕事を楽しみながら真剣にやることが大切です。

例えば、もっと効率化ができないか、こうすればもっと質のいい仕事ができるのではないかと試行錯誤をし、自分なりの工夫を加えてみること。

特に新人や若い人は、仕事の８割が雑用だと思います。

しかし、当事者意識を持つには、この雑用から逃げないことが大切です。雑用こそ芸術的に、完璧に仕上げることです。

もし、**その仕事で一流になりたいのであれば、雑用を完璧にこなして、「あいつに雑用させるのはもったいない」と言われることが近道**です。雑用でナンバーワンになれない人は、他の分野の仕事を振られることもありません。

また、サラリーマンをしていると、仕事をしてもしなくても給料は変わらない

という気持ちから、当事者意識が弱くなる傾向にあります。

そこでもう一度、**誰のために仕事するのか、何のために仕事するのか、なぜこ**

の仕事ではないといけないのか、自分の使命ややりがいなどをしっかりと持つこ

とが、当事者意識を持つきっかけになります。

そして最後に、当事者意識を身に付けるために意識してほしいのは、やはりお

金の勉強をすることです。

65歳で引退しても、平均寿命までは20年、30年とあるわけです。

今の世の中の流れでいけば、絶対に給料は上がりませんし、年金ももちろん減

り、退職金をもらえる額は、平均で年2・5%ずつ減っています。一方で、消費

税は上がっていきますから、生活は、どんどん厳しくなります。

老後、お金に困らずに生活をするためには、パラレルキャリアという考え方を持ち、貯蓄を意識し、定年をすぎても退職をせず、一生現役でいられる働き方を考える必要があります。

こういったお金の勉強をすることも、みなさんの当事者意識を持つきっかけになるはずです。

自分自身のためにはもちろんのこと、家族のため、国のために、さらには若い世代のためにと考えることで、当事者意識、そして当事者力は磨かれていきます。

7

【応援力】

仲間を「サポート」することで
自身も成長しよう

働くことは誰かのため

みなさんは、「仕事とは何か」「働くことは何か」ということについて考えたことはあるでしょうか。当然、さまざまな理由で働いている人がいると思います。

生活のためという人はもちろん、家族のため、お客様のため、上司のため、部下のため、自分の趣味のため、働く＝世間の常識のためという人もいるかもしれません。

何のために働くのかは、**働いている限り、常に自問自答してほしい問いだと思っています。**

この命題に関する答えは、人それぞれだと思うので、僕から答えを言うつもりもありませんが、僕自身は、仕事や働くことに関しては、**「自己成長」と「社会貢献」**が重要だと思っています。

それがこの章の応援力にも通じてきます。

特に、今は、お金のために働くという意識は全くなく、「自己成長」と「社会貢献」、その２つのために仕事をしています。

もちろん、お金を儲けるというのは当然、大切なことですが、20代の頃ほど「お金を稼ぎたい」という気持ちがなくなってきたのは事実です。

▼人間の価値＝人の役に立っていること

人間は、何をしている時に、一番やりがいを感じたり、楽しいと思えるのでしょうか。

この質問を突き詰めると、僕は、**誰かのためになっていたり、誰かの役に立っていることだ**と思います。それが応援力です。

その逆に、人間が生きている価値がない、本当に寂しいと思う瞬間は何かとい

うと、誰からも必要とされていなかったり、誰からも求められていない時ではな

いでしょうか。

そうなってしまうと、自分は何のためにやっているんだろうという思いが強く

なり、モチベーションもなくなってしまいますし、ひいては生きる気力さえ失っ

てしまうかもしれません。

僕は今、自分で収入を得て、納税をして、社会貢献ができているという感覚が

あるので、とても気持ちよく仕事をすることができています。

例えば年収が１億円だったら、半分は税金になりますが、その税金が誰かの役

に立ってくれていると思えば、ちっとも惜しくはありません。

また、僕は出版をしようと決意してから、これまで37冊の本を出版しています

が、出版するたびに全国の図書館に1000冊以上寄贈をしています。

年間なので、2000万円〜3000万円は寄付をしていることになります。

図書館からお礼状をいただいたり、年賀状をいただくと、僕もすごくうれしく感じます。自分が収入を得て、それで社会に貢献ができ、図書館にも貢献できているということに喜びを感じるのです。

嫌々仕事をしていても、つらいだけです。**仕事をしている時間が、人生の中でどれくらいの時間を占めるかといえば、週5日として、7分の5です。**

そう考えると、**仕事がつまらないということは、人生の7分の5がしんどいということです。**

しかし、仕事を通じて社会に貢献ができていると考えると、仕事も楽しくなります。自分がもっと勉強して成長することができれば、さらに世の中にいいものを残せるし、世の中の役に立ちます。

僕は、これからも本をたくさん読み、勉強をして、そこで学んだことを「You

「Tube 図書館」での動画や、自身の書籍を通じて伝えていきたいと思います。そして、それが誰かの役に立ったり、サポーターの役目を果たせるのではないかと考えています。

もし、今、仕事が辛いと思っている人は、**自分以外の誰かに目を向けてみてはいかがでしょうか。**

どうしてこんな安月給で働かないといけないんだとか、自分ばかりが辛い目にあっていると思うかもしれませんが、自分の仕事が誰かのためになっている、社会に貢献していると思うだけで、仕事のやりがいや目的も違ってくると思います。

▼ビジネスの根本は「お悩み解決」

また、僕はビジネスの根本は「お悩み解決」だと思っています。お客様の困っていることを解決するのがビジネスです。それが応援力にもつな

164

がります。

お悩み解決の視点を広げて、目の前の上司や目の前の部下に、貢献をしたり、ありがとうと言ってもらえるような力、つまり仲間をサポートする「応援力」を身に付けることもビジネスでは重要です。

自分のためだけに働くのではなくて、**誰かのために、みんなのために、今の仕事で、自分に何ができるのかを考えること**。そうすることで、今の自分の立場や状況も改善されていくと思います。

▼ギブアンドテイクではなく、ギブ&ギブを

ギブアンドテイクという言葉がありますが、昭和も平成も令和も、どの時代でも**成功する人は、結局、見返りを求めずに、与え続けられる人**だと僕は考えています。ギブアンドテイクの「ギブ」を続けることができる人、そういう人は、応援し続けることができる人と言い換えてもいいでしょう。

ギバー、マッチャー、テイカーという言葉を聞いたことがある人も多いかと思いますが、ギバーは見返りを求めず与えまくる人、マッチャーは与えたら見返りを求める人、テイカーは求めまくる人です。

ギバー、つまり与えるという行為は、短期的には損をしているように見えます。

なぜなら、時間や労力といった自分が持っているものをたくさん使うからです。

しかも、見返りがありません。もちろん、金銭的なリターンを得ることもできません。

ギバーは、恩恵が来なくてもいいという考えですが、**与え続けていると、必ず恩恵が後に返ってきます**。例えば、「一緒に仕事をしたい」という人が現れたりするのです。

ギバーになるためには、まず収入などの見返りは求めないこと。お金は後からついてくるものです。

では、ギバーには全くメリットがないのでしょうか？ 先にも述べたように、

そうではありません。最終的に何か自分にとってメリットが起こることもありま

すし、ギバーになることで、**自分の能力やスキルは、確実に上がる**のです。

例えば、何かのプレゼンを誰かの代わりに請け負った場合。プレゼンを聞くよ

りも、プレゼンをする人のほうがプレゼンの能力が上がります。このように、何

か新しい仕事や何か新しいチャレンジをすることにより、自分に知恵がつきます。

次に、経験値が得られます。与えるというのは、アウトプットです。企画書を

書く、プレゼンをする、営業をする、新商品の開発のアイディアを出す……など、

新しいことにチャレンジをすることで、それによって成功体験を積むことができ

ます。

そして人脈を得ることができます。誰かの役に立ちたい、世の中の役に立ちた

いという、誰かを応援するという気持ちを持って行動することで、同じような高

い志を持つ人財が集まってくるのです。

それが、ギバーが最終的に成功する理由なのです。

夢を叶えるには
応援力が不可欠

誰かのため、みんなのため、社会のため……。自分が応援する側になることも

大切ですが、逆に**応援される側になることも、目標を達成するためには大切なこ**

とです。

目標は、1人で叶えられるものではありません。

この本を読んでいる人も、「生き抜いていきたい」とか、「より豊かになりた

い」とか、「よりステップアップしたい」と目標があるとは思いますが、何事も

1人で成功することは、絶対にできません。

168

7 【応援力】

仲間を「サポート」することで自身も成長しよう

仕事に限らず、音楽も、スポーツもそうです。

この本が出版されるためにも、著者がいて、編集者がいて、デザイナーがいて、印刷所の人がいて、本を販売する営業がいて、書店の書店員がいて……と、いろいろな人がいて、1冊の本が出版され、みなさんの手元に届いているのです。

一般的によく言われることですが、**夢を叶えるには、ヒト・モノ・カネが必要**です。そして、応援される人でなければ、ヒトもモノもカネも集まりません。

夢や目標を叶えるためには、絶対に周りの人から応援される必要があります。

例えばあなたが年収1000万円を達成したいという目標を立てたとします。

僕は、その目標はダメとは言いませんが、応援力の観点から見たら、正直、微妙な目標だと思います。なぜなら、年収1000万円は、自分勝手な目標、つまり自分のためだけの目標なので、周囲の人からは応援されにくいからです。

誰にも応援されなければ、人も集まらず、モノも集まらず、お金も集まらずで、

結局1人で何かやるしかありません。　夢も叶えられずに終わるでしょう。

しかし、同じ年収1000万円を達成したいという目標でも、1000万円を達成することで自分の部下にも仕事の楽しさを伝えられるはずだという、誰かのためという「夢」を持つという視点が入るだけで、全く印象は違ってきます。

この視点を持って周囲にこの目標を伝えれば、「仕事の楽しさを分かってほしい」という気持ちに共感をする人が、あなたを応援してくれるでしょう。

▼ 応援される人になるには、「誰かのため」が大事

企業の社長やCEOは、会社の経営理念や、ミッション、ビジョンの中で、「お客様のため」「社会のため」「みんなのため」といった項目を必ず入れます。

「我が社のため」というのは、見たことがありません。

なぜなら従業員の心を動かすには「誰かのため」である必要があるからです。

夢を叶えたり、目標を達成させるためには、「ヒト・モノ・カネ」が必要です。

応援される人になるには、やはり、誰かのためでなければ共感は得られません。

それに、誰かのためにというのを根本に置いておかないと、いい仕事はできません。

僕は書籍を出版するようになったり、書籍の解説動画を始めるようになって、仕事をする時に「誰かのため」という視点が必要ということが、とても腑に落ちました。

特に今、本を1日2冊、月60冊、年間730冊読んでいますが、これを自分のためだけと思うと、なかなか続けられません。

しかし、なぜ僕が書籍の解説動画の「YouTube図書館」を始めたかというと、「本は難しい」という意見を、周囲のあちこちですごくよく聞くようになったからです。

「あの本を買ったけど、全然理解できない」、「読んだけど、よく分からない」と、まさにこれらは「お悩み事」です。

自分なら本を読んで、本を理解して、さらにその内容をまとめて伝えることができます。そこで、書籍の解説動画をアップすることで、**人々の役に立てるし、社会に貢献できる**と思ったのです。

ですから僕は、書籍の解説動画は、アクセス数を増やしたいという気持ちでやっているのではなく、「世の中の人に読書の大切さを伝えたい」「教育の大切さを伝えたい」という気持ちで配信しています。

そうすることで、僕の気持ちに共感したり、賛同してくれた人が、僕の活動を応援してくれ、その応援が、さらなる僕のモチベーションへとつながり、質のよい動画を提供できるのです。

▼ 毎日1％誰かの役に立とう

応援力をつけるには、まずはシンプルに、**毎日誰かが喜ぶことをすること**から始めましょう。例えば、「毎日、人の役に立つ話をする」というような小さいことでもかまいません。

ミーティングや会議で、「仕事が早く終わるコツ」「新しい知識を教えるコツ」など、いい話や自分が勉強したことをシェアすることを、日々コツコツやってみましょう。

これは、習慣力にも関わってきますが、**誰かの役に立つことを、毎日1％でも**いいのです。毎日200％やろうと思ってしまうと、大変ですし、続きません。自分の仕事が100％だとしたら、誰かのために1％プラスするということが大事なのです。

たった1％であっても、1年間365日、複利で計算すれば37倍になります。

毎日、ちょっとだけ誰かの役に立とうと思うだけで、1年後にはかなりの信頼関係を築き上げることができるでしょう。

ビジネスマンも、一般の会社員も、経営者も、アイドルと一緒です。

応援されるから上に行けるのです。プロ野球選手といったスポーツ選手も、ファンがつくからスポンサーがつくわけです。

これを読んでいるみなさんも、同僚のファンを作る、部下からのファンを作る、上司からのファンを作ること。社外であれば、Twitter のフォロワー、YouTube のフォロワー、ブログの読者、note の購入者など、いかに社内や社外にファンを作れるか、応援されるかを意識して考えてみてください。

これは、よくビジネス本に書いてあることですが、**「1,000 True Fans」**という言葉があります。**1000人のファンがいれば、一生食べていけるという考え方**です。

とはいえ、いきなりファンを作ることはできません。応援されるまでにはいくつもの段階があります。

1段階目は、全く知らない人です。たとえ会社など同じ組織の人だったとしても、社内で見たことがない人です。視界には入っているかもしれませんが、意識して見ていない状態です。

2段階目は見たことはあるけれど、どこの部署の誰かは分からないという状態です。

3段階目は、何の仕事をしていて、どういう人なのかは何となく分かる段階。

4段階目は興味を持って理解をしている段階です。SNSでいえば、フォローをしている状態です。

そして最後の5段階目がファンです。お金を払って行動をする段階です。例えばアイドルであれば、4段階目はテレビ番組をチェックする程度で、5段階目は、ファンクラブに入ったり、グッズを買ったり、ライブに行ったり、実際にお金を使う段階です。

知らない→知っている→理解している→興味を持っている→行動している。

このように、応援される側として、段階を少しずつ深めていくことです。

毎日1%誰かが喜ぶことをすることで、この段階をステップアップさせることができるのです。

周りの人を成功させるのが一番の成功法則です。ぜひみなさんも、自分以外の「誰かのため」ということを意識し、応援し応援される人になってください。

176

8

【習慣力】

日々の「積み重ね」を
結果に結びつけよう

成功するためには
1万時間が必要

志の高い人、結果を出している人たちは、どれくらいの時間を、その物事に費やしているでしょうか。

『天才！　成功する人々の法則』（講談社）という本で、著者のマルコム・グラッドウェルは、サッカー選手、音楽家、小説家、経営者など、さまざまな分野でプロになった人、世界的なレベルになった人は、例外なく1万時間の練習期間があったと指摘しています。

これがいわゆる「1万時間の法則」と呼ばれるものです。

▼ビル・ゲイツもイチロー選手も。例外はない

では実際、成功している人は、具体的にどれくらいの時間を費やしているのでしょうか。

ビートルズは売れていない時に1日8時間以上ライブをしていました。その回数は、1200回以上だそうです。

ビル・ゲイツは初期のコンピュータでゲーム作りに没頭して、中学2年から大学中退まで、1万時間以上の時間をゲームのプログラミングに使っていました。その時に使っていたベーシック言語が、マイクロソフト誕生のきっかけになったというわけです。

Appleコンピュータ第1号を作ったスティーブ・ウォズニアックは、幼少期から無線機を組み立てるのが好きで、そこから自作のコンピュータを作りたいと、Appleコンピュータを作ったのです。

イチロー選手は小学3年生から中学3年生までの7年間、1年間に363日、バッティングセンターで毎日200球以上の打撃練習をしていました。なぜ36

5日ではなかったかというと、年末年始の2日間は、バッティングセンターが休みだったからです。

サイバーエージェントの藤田晋さんは、21世紀を代表する会社を作るという目標を掲げて、毎日終電まで働いて、土日も夏休みも正月も働き続けていました。食事は自動販売機のパンのみだったそうです。そうやって1年間で粗利5000万円の数字を出し伝説となりました。

AKB48のプロデューサーの秋元康さんは、1日19時間仕事しているそうです。秋元さんは、どこから仕事でどこからが仕事でないかという境目がなく、食事をしていても、常に何かネタになることはないかと考えたり、脚本に何か使えないかと考えながらお酒を飲んだりしているとか。

結局、寝ている時間以外は、全て仕事のことを考えているわけです。

つまり、成功とは一朝一夕で得られるものではなく、**日々の努力、習慣力が大切**なのです。

目標をどこに定め、どれくらいやらなければいけないかは、人それぞれですが、周りと差をつけるとか、**圧倒的な生き抜く力を身に付けるには、量と継続、つまり習慣力が非常に重要**なのです。

▼3年を1つの基準とする

1万時間が成果を生むとお話をしましたが、1日1時間の習慣では、30年近くかかってしまいます。

そこで僕は、3年を基準にしています。なぜ3年かというと、1日10時間行えば、1カ月で300時間、1年で3600時間、3年間で1万時間を超えることになるからです。

受験勉強も、高3の1年間と浪人の2年間で、3年。公認会計士試験も3年間の勉強で合格をしました。

起業に関しても、3年ごとに新しいことをやるようにしています。起業1年目から3年目までは個人で動き、3年目から6年目はチームを作り、会社を7社立ち上げオーナーとなりました。そして、7年目からは出版を始めました。出版は3年半続けていますが、その傍らで、現在は書籍の解説動画「YouTube図書館」を開設し、YouTuberを始めました。

▼プロセスを重視すれば、結果は後からついてくる

人は何か物事を始めると、すぐに結果を求めがちですが、1週間や2週間の継続で、簡単に結果が出るようなものはそうそうありません。

続けている間は、すぐに結果は出なくても、「学んでいる」とか、「成長していればいい」という考え方が大切です。まずは**プロセスを大事にすること**です。

現在、ほとんどの人は、何かをしようとする時、常に目的ありきになっています。例えば、公認会計士試験の勉強をする時、その目的は、もちろん公認会計士試験に合格することです。しかし、合格できなければ最悪なのかといえば、そうではありません。

もちろん試験に合格することは大事ですが、そもそも勉強そのものを好きになれば、日々継続もできるし、結果もついてくると思います。

他にも、YouTubeをやっていて、再生回数を気にしている人が非常にたくさんいます。僕も、もちろん「YouTube図書館」の動画の再生回数が伸びればうれしいですが、それは結果論です。僕は、読書したり、要約したり、人に内容を教えるという**プロセスを楽しむ**ようにしています。

しかし、多くの人は、このプロセスを楽しめていません。例えば営業成績を上

げるために営業トークやプレゼン力を上げる本を読んだり、学んだりすると思い
ますが、それは、単なる手段です。

本来は、人と話すのが大好きとか、お客様から悩み相談を聞いて答えるのが好
きとか、コミュニケーションというプロセスを楽しんだほうが、営業成績は絶対
に伸びるのです。

成功への距離を正しく測ること

人生で成功する人と、成功しない人がいます。

僕は、失敗するのは能力がないからとか、努力していないからとかではないと
思っています。

それは、何かチャレンジして失敗した時や諦めた時に、どれだけ成功に近づいているかに気付かなかっただけだと思うのです。成功している人は、何も特別なことをしているわけではありません。また、**成功に「向き、不向き」もありません。「向き、不向き」は結果に影響しません。**

僕の兄は成績優秀で、中学校でも成績が学年1位でしたが、僕は中学1年生の時、一生懸命勉強したつもりでしたが、成績が110番中88番でした。

その時、僕は「勉強に向いていない」と、そこで勉強することをやめてしまいました。

しかし、その後、2年間の浪人生活を送り、立命館大学に合格し、在学中に公認会計士試験に合格し、文章を書くのが苦手でも『人もお金も動かす 超スゴい！ 文章術』（すばる舎）という本を出すことができたり、人前で話すのが苦手だったけれども『稼ぐ話術「すぐできる」コツ』（三笠書房）という本を出版し、

動画を撮りながら話せるようになったりしています。

当時中学1年生の僕は、88番で諦めてしまいましたが、そのまま勉強を続けていれば、50番、30番、10番……と、きっと成績が上がっていったはずです。88番というのは、まだ上がる途中だったのに、それに気が付かなかったわけです。きっと次の試験でも頑張れば、順位は上がっていたはずです。

このときの僕は、勉強したのにいい点が取れず、「成功に近づいている」とは思えなかったのです。もし、当時の時点でこの感覚を持てていたら、僕は別に浪人せずに現役でいい大学に受かっていたかもしれません。

例えば、ウォルト・ディズニーは、子どもも大人も楽しめる場所、ディズニーランドを作ろうと考えて、企画書を持って銀行に行きました。
当時、大の大人が「夢の国を作りたい。子どもも大人も楽しめるテーマパークを作りたいので、お金を貸してください」と言ったところで、銀行員に笑われて

終わりでした。

しかし、ウォルト・ディズニーは諦めず、断られたら企画書を毎回書き直しました。その数、３０２回と言います。３０３回目に融資が決まり、ようやくディズニーランドは誕生したのです。

もしウォルト・ディズニーがどこかで夢を諦めていたら、ディズニーランドはこの世に生まれていなかったということです。

１回企画書を書き直すたびに、成功へと近づいていたから、ウォルト・ディズニーは諦めなかったのです。

このように、途中で諦めずに続けること、**今は成功までの過程だと考えること**はとても重要です。そして続けることが習慣力でもあるのです。

▼ 習慣力は、量とスピードを意識する

僕は、2浪をして立命館大学に合格しましたが、大学受験と公認会計士試験では、どちらが簡単だったかと聞かれたら、僕は公認会計士試験のほうが簡単だったと思っています。

世間的な難易度とは、絶対違うと思いますが、僕は立命館大学に合格するまでが、今までの人生の中で一番辛く、難しかったのです。なぜなら、大学受験の勉強は、小学校、中学校、高校の積み重ねです。12年間の出遅れを、2年間で取り戻すという作業が必要になります。

一方で、公認会計士試験はスタートがみな一緒です。簿記、会社法、経営学、財務会計論、監査論、管理会計といったことは、誰も中学校、高校で勉強していません。

20歳の頃、いかに日々の積み重ね、習慣力が大事か、続けている人と続けてい

ない人では、いかにその差が大きくなるか、そして、それを縮めることは、どんなに大変かということに気が付いたのです。

僕はよく本の中で、「成功するには量とスピードと質が大事」だと書いています。**量からしか質は生まれません。** そして、その量は、**習慣力がなければこなすことはできません。**

僕は、**人の3倍やれば10倍の結果が出る**という、自分の中でのルールを決めています。人と同じ作業をしたら、同じ結果しか出ませんが、なぜか3倍やると、3倍の成果ではなく、10倍の成果が出るからです。

それはなぜかというと、目立つからです。

3倍やることで、人より突き抜けることができ、比較対象がなくなります。僕は、「月に1冊本を出す」と決めましたが、なぜ月1冊にしたかというと、出版冊数が多い人でも、3カ月に1冊で、年4冊のペースです。ですから、その3倍

である月1冊を目指したのです。

書籍の解説動画「YouTube 図書館」も同様の考え方で始めました。

YouTube で書籍の解説をアップしている人は結構多いですが、それでも、一番多い人でも週に1冊程度のペースです。その3倍と考えると、月に12冊、まずは、これを行おうと決めて始め、今は月に60冊解説動画をアップしています。

▼習慣力を付けるためのコツとは

成功する人は、才能の有無ではなく、「やり抜く力」、つまり習慣力がある人です。では、具体的にどういうふうに習慣力を付けていけばいいでしょうか。

まず、目標を具体的にすることです。

例えば痩せたいと思うのであれば、目標は「痩せる」ではなくて「5キロ痩せる」とか、睡眠時間を増やしたいのであれば、「もっと睡眠時間を取るよ」では

なくて、「平日の夜は午後10時までにベッドで横になる」というように、**数値で具体的に表す**といいでしょう。

目標は、具体的であるほうが、自分が求める成功の姿を、よりはっきりとイメージすることができるからです。

そして、**目標を達成した後の自分や自分の周りをイメージする**ことで、それが習慣化するためのモチベーションにつながります。

次に、具体的な数値を出したら、その目標を達成するための**行動計画を作る**といいでしょう。いつ何をやるかを、あらかじめ、予定に入れておくのです。

例えば僕の場合であれば、「本が届いたらすぐ読む」とか、「カフェに座ったら本を読む」というように、WhenとWhatを決めます。

「午後6時になったら会社のジムで汗を流す」というような予定でもいいと思います。

また、**目標までの距離を意識する**ことです。

例えば、○月○日まで5キロ痩せるという場合は、1日1回は体重チェックをし、グラフで増減を見ていくといいと思います。仕事や資格試験など、他の目標に対しても、なるべく視覚化できるような計画を立てるようにしましょう。

僕もYouTubeに動画をアップすると、再生数、コメント数、チャンネル登録数、平均の視聴時間など、たくさんのことを確認し、さらにそれを振り返り、目標に正しく向かっているのかどうか、現在地から目標地までの距離をしっかりと確認するようにしています。

▼人生は脱落ゲーム。習慣力だけで勝てる

僕は、**人生は「脱落ゲーム」**だと思っています。

仮に才能がなかったとしても、「やり続ける」、つまり**習慣力を持つことで勝つ**

ことができます。

1年の計は元旦にありと言いますが、1月1日に立てた目標を達成するために、頑張り続けられる人は、どれぐらいいるでしょうか。

12月31日まで頑張り続けられる人は、5%と言われています。

つまり、自分が行動を習慣化しているだけで、勝手にライバルたちは脱落していくのです。

僕は、「起業をして年収1億円を稼ぎたい」と、起業家の先輩に言ったことがあります。

すると、その人は、**「1000人の人が稼ぎたいと、起業したとしたら、999人が諦めた時、それでも1人やり続けたら、年収1億円を稼げているよ」**とアドバイスをしてくれました。

まさに今、僕は、その人のアドバイス通りになっています。

「才能がない」と諦めてしまいがちな人こそ、日々の習慣力を大切にしてください。そうすれば**必ず結果はついてきます**。

9

【 決 断 力 】

❖

迷う時間があったら
とにかく「前」へ進もう

人生は選択と
決断の連続である

この章でご紹介している**決断力**とは、ずばり自分の意思を決定する能力のことです。

人生は選択と決断の連続です。新しい仕事、結婚するタイミング、転職、独立といった大きな決断から、今日のランチは何を食べようといった小さな決断まで、人間は大体1日に**70回ほど決断をしている**と言われています。

ランチをパスタにするかハンバーグにするか、好きな人をデートに誘うか・誘わないか、彼女にプロポーズするか・しないか、飲み会に行くか・行かないか、本を読むか・読まないか、営業のアプローチを電話にするか・対面にするか、仕事を断るか・引き受けるか、会社を辞めるか・辞めないか、親の言うことを聞くか・聞かないか……。日々決断の連続です。

▼ 決断に必要なものは選択力と覚悟

決断に必要なものは2つあります。それが、**「選択力」** と **「覚悟」** です。

「決断」という字を見れば分かるように、何かを決めるということ、つまり「選択する」ということは、何かを断つことでもあります。

つまり、**何かを得るには必ず何かを失わなくてはいけません。** そういう意味では、「覚悟」が必要です。

1日24時間を満タンのバケツにたとえると、新しい決断をするということは、バケツから何かを捨てないといけません。

1日2冊本を読むと決断したら、そのためには、テレビを見ない、スマホを触らない、飲みに行かないといった、時間の断捨離が必要なわけです。

僕は大学生の頃、公認会計士試験の勉強時間を確保するために、4年間で飲み

会には1回しか行きませんでした。成人式も行っていません。

このように、**何かの決断には何かを捨てる覚悟が伴います**。それは、もしかしたらみなさんにとって大切な人だったり、時間だったり、仕事だったり、今まで大事にしていた肩書とか学歴かもしれません。

もしくは、コーラが好きだけど痩せたいから水にしようというように、日常的な小さいことかもしれません。

いずれにせよ、どんな決断であっても、**覚悟が必要**ということには変わりありません。

そして、**決断には、必ずリスクがセットになります**。リターンだけということは、あり得ません。いくつかある選択肢のうち、1つを残して、あとは捨てるということですから、当然、それがリスクとなります。

リスクには、ローリスク、ミドルリスク、ハイリスクがあり、リスクに比例してリターンも大きくなります。

198

例えば資格受験の中でいうと医者・弁護士・公認会計士はハイリスクなものになります。それは取得までに、お金と時間など労力がかかるからです。さらには、公認会計士試験は1年に1回、合格するまで1万時間以上の勉強時間が必要と言われ、合格率は、大体10％です。

ですから、「公認会計士を目指す」という決断には、多くのリスクが伴うわけです。なおかつハイリスク、しかし難しいからこそリターンも大きいのです。

東大を卒業した人が一流企業に入れたり、公認会計士試験に合格した人が新卒で年収600万円、20代で年収1000万円を稼げるなど、ハイリスクほど、ハイリターンです。

ローリスクでハイリターンなものはありません。全く勉強もせずに適当に単位だけ取り、バイトも遊びも中途半端だった人が一流企業に入社できたという話は聞いたことがありません。

▼100％正しい決断は存在しない

人生は、日々決断の連続だとは先ほどお話ししました。しかし、ハイリスクになればなるほど、決断できないという人が増えてきます。決断をしなければ行動ができませんし、行動ができなければ、結果も得られません。

なぜ多くの人は、決断ができないのでしょうか？

それは、**多くの人が「正しい選択をしたい」と思っているからです**。僕は、多くの人が決断できない理由の核心は、ここだと考えています。

しかし現実問題として、**１００％正しい選択などは、存在しません**。それは、未来に何が起こるかは、誰にも予測できないからです。

「この会社に入ったら正しい」「この人と結婚したら正しい」「起業したら正しい」というように、全ての人に正しい決断というものはありません。

人は、どの選択をしても「こうしておけばよかった」と、必ず後悔をします。

僕が起業したのは、25歳をすぎてからですが、もっと早く、大学生の頃に起業をしておけばよかったと、今でも後悔しています。

しかし、もし仮に大学生の頃に起業していたとしたら、公認会計士の資格を持つことはできなかったでしょう。そして、公認会計士の資格を持っていなければ、会計の本も出せませんでしたし、本の出版企画も、今よりも通りにくかったかもしれません。

つまり、決断をする時に大事なのは、「正しい選択」をするのではなく、**「現時点でベターな選択」を考えることです。**

例えば投資の世界において、ベストのタイミングで株を買うのは、ほぼ無理です。相場は予測できないからです。

しかし、**最高のタイミングを狙わなくても、最悪の状況を回避することが大事**なのです。そして、その最悪な状況は、ベターな選択を取ることで回避すること

ができるのです。

1章でお話をしたドル・コスト平均法は、まさにベターな選択と言えるでしょう。仕事、結婚、転職、引っ越しなど、人生の決断の世界においても同じです。**ベストな選択よりも、ベターな選択を意識することで、より決断力が高まるでしょう。**

つまり、**いくら正しい選択をしたとしても、その決断が遅ければ、その決断は期限切れになってしまう**のです。

また、ベターな選択だとしても、決断が遅くなれば遅くなるほど、ベターの度合が下がってきます。

その逆に、ベターの度合いが低い決断だとしても、早く決断をしていれば、間違えた時に、すぐ軌道修正ができます。

よく若い頃は失敗しろと言いますが、若いうちなら、後から挽回が可能です。

決断力を高め、決断を成功させる 6つのポイントとは

決断力があると言われる人の最大の特徴は何でしょうか？　それは**失敗を恐れ**ていないことです。

なぜなら、**決断力のある人は、失敗から学び、失敗から自己成長できることを**知っているからです。ですから、まずは、みなさんも失敗に対して、ネガティブな考えを捨てることが大切です。

その上で、どうしたら決断力を高めることができるか、いくつかのポイントを説明したいと思います。

これから先の人生、常に「今日」という日が、人生の中で一番若いわけです。ですから、**決断はできるだけ早くすることが非常に重要です。**

【1】 最悪の状態を意識すること

例えば、スポーツ競技などで、負けるイメージを想像してはいけない、勝つイメージだけをしろと言いますが、100％勝つイメージしかしていない選手は、予想外のアクシデントに見舞われると、そこで負けてしまいます。

僕が大切だと思うのは、**負ける展開を考えた上で、そこから逆転して勝つイメージを持つこと**だと思っています。

つまり、**事前に最悪の状況を意識する**わけです。

例えば起業でも、10個の事業を立ち上げたら、9個の事業は潰れると言われています。ですから、1つの事業を立ち上げて失敗し、「俺は向いてないんだ」と思うようでは、準備不足です。

例えば、公認会計士試験は100人が目指したとしても、途中で70人ぐらいは

諦めてしまう資格です。1～2回試験に落ちると、もう無理だと諦めてしまうわけです。

しかし、事前に統計を見ていれば、2～3回落ちるのは当たり前だということが分かるわけですから、落ちてもチャレンジし続ける人が合格を勝ち取ることができるのです。

そして、そのチャレンジをし続けられるかどうかが、やはり自分の意思や覚悟にかかってきます。

【2】他人の目を意識しないこと

決断力のある人は、他人の目をあまり気にしません。他人からどう評価されるかということよりも、**自分の意思を貫き通すことを尊重している**からです。

僕は、人に相談することは否定しませんが、**相談で大事なのは、「自分の決断**

が揺るがないかどうか」だと思っています。

僕が考える本来の相談というのは、相手に話してアドバイスをもらったり相手に決めてもらうことではありません。**自分が覚悟を持って決めた決断を、相手に話しても、自分の中でぶれないかどうかを計るもの**だと考えています。

例えば、公認会計士試験を目指して合格すると決めた後、親、友達、先輩などに相談した時に、「そう簡単に受からないからやめておけ」とか、「難しいし、違う道もあるんじゃないか」と言われて、揺るがなければ大丈夫です。

しかし、ほとんどの人は、「やっぱりやめようかな」と、ぶれてしまいます。

それは、他人の目を気にしているからです。

また、夢を叶えようとする人間に反対意見を言ったり、挫折させるようなドリームキラーに対しては、いかに受け流せるかも大切です。もしあなたの周囲にそういう人がいたら、**「見ない」「聞かない」「近づかない」「触れない」の4つの**

「ない」で対処するようにしましょう。

【3】こだわりを捨てること

　早く決断をするには、こだわりを捨てることも重要です。なぜなら、こだわりすぎると**正しい判断基準が分からなくなり、決断できない**からです。例えば資格や学歴や肩書などの過去の栄光に固執せず、積み重ねたものを捨てる勇気も、決断には必要です。

　僕は、公認会計士試験に合格するため、大学時代に死に物狂いで勉強をして、狭き門を突破しました。そして、卒業後は、有限責任監査法人トーマツに就職しました。

　しかし、僕は同期500人の中で、一番早く辞めて起業をしました。多くの人に、せっかくいい大学に行って、トーマツを辞めるのはもったいないと言われま

した。

　しかし僕には、そういうこだわりは、全くありませんでした。自分は未来のことを考えて生きているので、過去の積み重ねがもったいないとは思えなかったのです。

【4】興味、関心、WANT思考で決断すること

　決断をする時は、「できる」「できない」ではなく、**「よりやりたいほう」を考える**ようにしましょう。つまり自分に興味や関心のあること、やりたい、欲しい（＝WANTなこと）を優先するべきです。僕は常に、何事にも挑戦したいと思っているので、何か決断の場面にきたら、**常に新しいことにチャレンジする**ようにしています。

　例えば、今の会社が楽しくない場合、仕事を楽しくしようと考えるのか、楽し

い新しい会社に転職しようと考えるのかという選択肢があったとします。

この場合、自分にとって、どちらがよりやりたいか、**「できない理由」** ではな

く、**「やりたいこと」** で考えてみるのです。

結局、決断する時は、まだ結果が出るか分かりません。決断は、最初のスター

トですから、**一番大切なのは、決断そのものよりも、決断してからどう行動する**

かなのです。ですから、最初の決断は、より自分のやりたいことを優先するのが

いいでしょう。

【5】視野を広く持ち、常に情報収集をすること

決断力のある人は一度きりのチャンスを逃がしません。チャンスが来た時にす

ぐチャレンジする決断ができるからです。

では、その「チャンス」に、どうすれば気が付くことができるのか。そのため

には、**常に視野を広く持ち、日々情報を集めることが重要**です。

本や新聞、雑誌を読む、動画を見る、いろいろな人に会いに行くなど……。し

かし、決断力がない人は、持っている情報が少ないので、どちらがいいかの決断

ができないのです。

ネットのブログのような情報も悪くはないですが、書き手が自由に書いている

ので、あまり客観性が担保されていません。

しかし、**新聞、雑誌、書籍は編集や校閲が入り、第三者の目で客観視されてい**

るので、極端に偏った情報や虚偽の情報はありません。

最近は、新聞でも雑誌でも書籍でも、スマホで見られるので、気になる記事を

チェックしたり、特に得意分野、本業に生かせる分野に関しては、徹底的に情報

を集めるようにしましょう。

【6】決断を先延ばしせず、即断即決すること

何かを決断する場面で、「検討します」「やれたらやります」「時間に余裕があったらやります」と、決断を先延ばしにする言葉を使う人がいますが、これらはみなNGです。

仕事上での決断でも、友達からの誘いでも、家族からの要望でも、曖昧な返答をするとチャンスを逃します。

また、ランチをどうするか、飲み物を何にするかといった、**日常的な小さな決断を、即断即決することで決断力は養われます。**

転職、結婚、起業、留学、不動産購入、車を買うなど、大きい決断ができるようになるために、**日常の中で意識的に小さな決断を即決する練習をしていきましょう。**

こういった日々の小さな決断の積み重ねが、結果的に大きな決断に迫られた時の決断力にもつながっていくのです。

10

【チーム力】

一人よりも「仲間」と一緒に
上を目指そう

大きな目標も
チームなら達成できる

僕は、起業して3年目までは1人で働いていました。

仕事が増えるにつれ、収入も増えてきましたが、ある一定量を超えると、費用対効果が悪くなりました。つまり、労力が2倍になっても、収入が2倍になるわけではないということに気が付いたのです。

そこで独立3年目に、事業の効率化とともに取り入れたのが、**「チーム制」**という仕組みです。僕が取り入れた「チーム制」は、企業のような部長、課長、係長、一般社員といった「事業部」や「課」とは、全く違うコンセプトによって成り立っているものです。

この「チーム制」は、**同じ志を持つ仲間が集まり、互いに刺激をし合える関係**で、**フラットなもの**でした。

10
【チーム力】
一人よりも「仲間」と一緒に上を目指そう

チーム制を導入してから、自分の体調が悪い時には仕事をカバーしてもらったり、自分が苦手な分野の依頼がきた時は、チームの仲間にお願いができるようになりました。

その逆に、チームの仲間が、僕の得意分野の仕事や、やりたいと思っていた仕事を紹介してくれることも増えました。

さらに、1人ではできないような大きな仕事、クオリティーの高い仕事もできるようになっていったのです。

世の中に存在する仕事というものは、それがたとえどんな仕事であっても、必ず人と関わり合いをしながら進めていくものです。**人間が1人でできることは限られています。**他者と一緒にチームで働くことで、自分1人ではできないことに取り組んでいけるのが、「仕事」なのです。

215

▼一人一人がリーダーシップを発揮する

リーダーシップというと、日本人はピラミッド型を想像しますが、僕がここで言うリーダーシップというのは、上下関係があるものではありません。

「それぞれの役割において、リーダーシップを取る」ということです。

例えば、書籍を作る時に、著者、編集者、デザイナー、営業……と、さまざまな役割を持つ人が関わっています。この中で誰かがリーダーになるのではなく、**与えられた役割に関して最大のパフォーマンスを発揮するのが、僕の言う「リーダーシップ」**であり、これこそが、これからの世の中で必要なチームのあり方、つまりこの章で僕が伝えたい「チーム力」です。

ではなぜ、こういうチーム制を取り入れたのか。

僕はもともと外資系の会社にいました。外資系は、社員一人一人に、その人が

216

どんな性格や能力を持つ人であってもリーダーシップの能力を求めます。海外の大学の入試などでも、小論文や面接などで、必ずリーダーシップがあるかどうかを判断されます。

しかし、日本の大学や会社は違います。人の上に立つ人にしかリーダーシップを求めません。そのため、**日本ではリーダーシップという能力に関して、総じて意識が低い**と言っていいでしょう。

本来、仕事というものは、全員が運転席に座るべきで、助手席や後部座席に座ってはいけないものだと思っています。お客さんでもなく、下働きでもなく、**一人一人が主人公で主役なのです**。

しかし、日本人の仕事というのは、助手席に座ったり後部座席に座る人が、とても多いのです。指図をするだけで自分が動かなかったり、指図すらせず眺めているだけで、目的地に着くと、真っ先に降りるような人も多いです。

また、実際に運転している人も、自分が仕事を引っ張っているとか、自分が先頭に立つという意識が欠けています。

それに対して、外資系は、入社1年目からリーダーシップが求められます。経営者向けのコンサルティングをしている外資系の一流企業マッキンゼーは、東大生しか採らないとか、頭のいい人しか採らないと言われていますが、その**採用基準は、学歴ではなく「リーダーシップ」**だそうです。

そういう人財を求めると、結果的に、東大卒や頭のいい人が多くなってしまうということでしょうが、なぜ、「リーダーシップ」を求めるかといえば、マッキンゼーは、1年目から経営者に対してコンサルティングをしなくてはいけないからです。

22歳の若者が、50代、60代の経営者に対して、お金をもらってコンサルティングをするわけです。従順な飼い犬のような社員では、役に立ちません。

218

マッキンゼーのように、入社1年目であってもリーダーシップを取れる人間ばかりでチームを作ること、それが僕の目指す「チーム力」を持ったチームでもあります。

▼チーム作りに大切なことは目的共有

チームを作るために必要な行動指針は、**「教える」「志を伝える」「教えを乞う」**の3つです。

僕の場合、自分の理想とするチームを作るために、まずはブログやSNS、動画などで、良質な情報を無料で提供することから始めました。

人に「教える」ことで、僕から**「学びたい」**という人が集まってきます。しかし、それだけでは、リーダーシップは育ちません。

そこで、自分の「志を伝える」のです。すると相手は、その志に共感してくれ、

一緒に目指していける「仲間」となります。ここに上下関係はなく、あくまで**対等な「仲間」**であることが重要です。

さらに、仲間同士で勉強会を開催し、お互いに「教えを乞う」、つまり**一人一人が講師役となる**ことで、学びに対して責任感が生まれ、リーダーシップを取れる人材が育つのです。

つまり、稼げるチームになるには、**一人一人がリーダーであるという意識が必要**です。

さらに、チームは人数が多ければいいというわけではありません。リンゲルマン効果という言葉があります。これは、集団が大きくなればなるほど、1人あたりのパフォーマンスが低下するという現象のことを指します。人数が多くなると、自分1人くらいサボっても大丈夫と手を抜いてしまうわけです。

例えばチームで庭の草むしりをする場合、3人で10時間かかる作業を10人で行

った場合、3時間で終わるはずですが、実際にはそれ以上の時間がかかってしまいます。

人数を最小限にして責任感を持たせたほうがよいわけです。

そして、**チーム作りの基礎となるのは、目標設定**です。しかも、その目標は、具体的でなくてはいけません。

カラーバス効果という言葉がありますが、人間はある目的を意識すると、その目的に関連する情報をそれまで以上に認識します。

例えば「あなたが朝起きてから、今この瞬間までに赤いものがいくつありましたか」と突然質問されても、あまり答えられないものですが、事前に質問を分かっていれば、朝から赤いものを数えて過ごし、きちんと回答できるはずです。

ですから、チーム活動も、目標や目的を明確にすることで、それに向かって動

くことができます。

そして、その**目標設定で大切なのは、成果目標だけにしないこと**です。

例えば本だったら10万部を売るとか、物販だったら売り上げ5000万円を達成するなど、数字を出すことも大事ですが、これだけだと作業と数字の奴隷になってしまいます。

今の時代、**特に重視されている目標は「意義目標」**です。つまり、**何のためにそれを行うかという「意義」を持つ**ということです。

「自己成長のため」なのか「後輩の指導」のためなのか、他にも「出世するため」「転職するため」「年収を上げたいため」「起業の準備」なのか、今一度、目的をはっきりさせてみてください。

目標や目的を持って行動することで、より結果につながりやすくなります。

そして、なぜこのチームでその目標や目的を達成しなくてはいけないのかを考

えましょう。意義目標を設定することによって、チームのメンバーは自らの生む

べき成果や、取るべき行動について意義を持つことができます。

例えば僕の場合は、「YouTube 図書館」の撮影や編集などは、チームで制作し

ています。1日2冊の動画解説を、毎日8時と20時にアップしているのですが、

この1日2本というのは、ただの成果目標です。

しかし、一方でこの YouTube 図書館の動画制作には、**「自己成長」**と**「社会**

貢献」という意義目標があります。自分やチームが成長して優秀になることで、

社会によりよいものを提供していこう、という目標です。

このようにチームで意義目標を掲げることで、どういった本を選ぶか、どう編

集をすれば伝わりやすいかなど、メンバーで話し合い、よりクオリティーの高い

動画を作ることができます。

▼ チームバランスを取り、ほどよい距離感を持つ

チームのメンバーについても、一人一人の性格、性別、属性、価値観など、全てが違います。ですから、**お互いの違いを認め合った上で、役割分担を決め、みんなで補っていくこと**が非常に重要です。

野球のチームでも、いくら四番バッターばかり集めても勝てません。それぞれの個性を認めるような余裕を持つことがチーム作りには大切です。

よいチームというのは、**「積極性」**と**「共感性」**のバランスが取れたチームです。ここでいう「積極性」と「共感性」とは、性別のことではありません。

「積極性」とは、競争心、熱量、影響力、人を巻き込む力。

「共感性」とは、つながり、癒やし、共有、和みといった力。

1つのチームのメンバー内で、これらのバランスが取れているチームは、仕事もうまくいきます。

また、「共感性」が強い人は、自分の知識を人に教えたり、「積極性」の強い人は、営業成績で1位をとることを目標にしたり、自分1人で何か行動を起こしてみるなど、個々の性質の中でもバランスを取れるようにするといいでしょう。

そして、**チームの人間関係を築き上げるものとして欠かせないのは、コミュニケーションです。**

一般的に、見知らぬ人同士が、一緒に仕事をやっていこうとなった時、信頼関係をお互い作るのには3カ月かかります。しかし、例えば、チームで2泊3日の海外旅行に行き、朝昼晩、一緒に食事を共にして、お酒を飲み、同じ部屋で泊まることで、たった3日で、人間というのは自然と仲良くなれます。

そこで僕は、チームで海外旅行に行ったり、サウナに行ったり、ジムに通うなどプライベートも一緒に過ごす時間を持つようにしています。

政治家が料亭に行ったり、経営者が接待や会食が多いのも同じです。「ランチョン・テクニック」という言葉もありますが、食事による リラックス効果と、同じものを食べて、**食事や時間を共有することで、信頼関係ができ、より相手との**関係を近づけることができるのです。

とはいえ、誤解をしてほしくないのは、チームとして絆を強くすればいいというものではないということです。

僕は、**「強いつながりを作るな。弱いつながりを作れ」**という話をよくしていますが、例えば、父親、母親、恋人、親友などは強いつながりです。しかし、つながりが強いと、反発をしたり、離れたり、けんかをしたりしがちです。仕事上で強いつながりがありすぎると、嫉妬が生まれたりするので、ビジネスにおいては、弱いつながりのほうが長く続きます。例えば、同性の友人や、たまに会うと、すごく楽しい学生時代の友人のような関係です。

仲良くなりすぎるとライバルになりますが、弱いつながりのほどよい距離感で

あれば、干渉をせずに切磋琢磨することができます。

弱いつながりを末永く持っているのが、本当に強いチームなのです。

▼最高のチームを作るための上司の心得

チームは、一人一人がチームリーダー意識を持つことが大切だとお話をしましたが、最初からリーダーシップを取れるような新人は、なかなかいません。**人間には2タイプあります。自分の頭で考えて動ける人間と、言われたことしかできない人間です。**

上司の役割の1つに、後進を育てるということがあると思いますが、後者のような部下を前者のように、リーダーシップを取れるような人間に育てるにはどうしたらよいでしょうか。

実は**上司にも2タイプあり、部下に仕事を任せられない上司と、任せられる上**

司がいます。自分がやったほうが早いから、と部下に任せられなければ、一生、

部下を育てることはできません。

　僕は、**教えるよりも任せることが大事**だと考えています。**部下ができない仕事
をするのが上司の役割であり、部下ができる仕事は、とりあえず任せてみること
です**。もし失敗をしたとしても、そこで本人が気付き、成長することができます。

　また、仕事をふる時も、「この仕事を覚えて」ではなく、「この仕事は何のため
にあると思う?」というように、必ず質問から入ることです。

　クエスチョンを投げかけることで、必ず相手は自分で考えて答えを返します。

こうすることで、考えて行動できる人間に育つのです。

　そして、結果が出たら「すごい頑張ったね」と勇気づけ、**「ありがとう」**と感
謝の言葉を言うようにしましょう。

　僕は、**優れたリーダーとは、安心と刺激の両方を与えられる人**だと思っていま

10
【チーム力】
一人よりも「仲間」と一緒に上を目指そう

す。ぬるま湯のような感じで居心地がいいだけではダメで、「すごいな、あの人」という刺激も必要です。

上司も、常に真面目に学ぶ姿勢を見せたり、新しいことにチャレンジをすることで、部下に刺激を与えることができます。それが部下のモチベーションとなり、「すごいチーム」ができあがるのです。

▼頑張っている人には、「頑張りすぎないように」

チーム内を円滑にするためには、**声がけに気をつかうことも重要です。**よく、頑張っている人に対して、「もっと頑張れよ」と声をかける人がいます。この「頑張れよ」というのは、裏を返せば「あなたは頑張っていない」ということを意味しています。こう声をかけられた人は、自分は頑張っているつもりなのに、その頑張りを認めてもらえないことで、意欲が下がってしまいます。

そこで、**おすすめなのが、「あんまり頑張りすぎないようにね」という言葉をかけることです。**この言葉には、裏を返せば「あなたが頑張っていることを僕は知っていますよ」という意味が含まれています。

さらに、「少し休んだら?」と伝えれば、相手が限界近くまで頑張っていることをこちらが認めていることが伝わります。言葉をかけてもらった側は、自分の頑張りをきちんと認めてもらえたうれしさで、もっと頑張ろう、という意欲が芽生えます。

さらに、チームで大切なのは、**メンバー全員の自己肯定感を高めることです。**自分を肯定し、ポジティブな思考でいられるかどうかも仕事の成果に直結します。メンバーのいい点をお互いに褒め合ったり、メンバーの弱みを強みに変えるなど、1人の人間として尊重する視点を持つことが大事です。

人間は、1人では生きていけません。仕事だけでなく、遊びもスポーツも、チ

10

【チーム力】
一人よりも「仲間」と一緒に上を目指そう

ームで動くことで、豊かな人間関係が生まれます。

誰かの弱みを誰かの強みで補ったり、壁にぶつかったら一緒に知恵を出し合っ

たり、落ち込むことがあれば肩を貸し合ったり、開発が成功すれば肩を組み合っ

て喜んだり……。

最高のチームは、最高の目標を達成させるだけでなく、**一人一人を幸せにする**

力があります。

現在、人間関係のトラブルは、退社や転職を考える人の理由の多くを占めます。

仕事関係の人間関係がよければ、仕事も楽しく、幸せ度もアップするでしょう。

そのためにもチーム力を高めておくことは重要なのです。

あとがき

人生100年時代と言われ、さらに、2020年のこのコロナ禍により世の中はどんどん変化しています。

さらにAI（＝人工知能）の進化によってホワイトカラーの仕事の半分がなくなるとも言われています。

現に今でも、注文や決済などはサーバー上で行われ、品物を届けるところだけ人間が請け負うという、あべこべの状況が起こっています。

今のような人間が機械を道具として使うのではなく、機械が人間を道具として使っていく時代は、この先もどんどん加速していくことでしょう。

そんな中、僕らはどんなスキルを身に付ければいいのか、

どうしたら将来に不安を抱えず未来に希望を抱くことができるのでしょうか?

つまりそれは機械では代替されない、

付加価値の高い能力を身に付けた人間になるということです。

そのために必要な力を、10個に分けてご紹介したのがこの本です。

僕はあなたに年収1億円になってほしいわけではなく、

年収1億円の価値がある人間になってほしいと思っているのです。

これからの時代は、

年収1000万円を得られる会社に入って安心して働くのではなく、

年収1000万円の価値がある人間になることを目指すべきだと思います。

つまりどこに行っても求められる人財になること、

お金を稼ぐため、出世するためではなく、

自分を磨き、自己成長、社会に貢献できる人間になることが重要なのです。

年収や仕事の成果はその後からついてきます。

ちなみに、僕はこの10個のスキルを身に付けるのに10年以上かかっています。

10年と聞いてどう感じますか?

10年も、と思うのか、10年しか、と思うのか、

「も」なのか、「しか」なのか、この差が人生を大きく変えます。

この10個の力を身に付けるためのポイントは、

常にワクワクしながら学びのプロセスを楽しむことです。

天才よりも努力する人が成功します。

努力する人よりも、楽しむことのできる人が成功します。

勉強がもともとできる人より、頑張って勉強する人、

頑張って勉強する人より、楽しく勉強することのできる人が成功します。

僕が大学在学中に公認会計士試験に合格できたのも、

勉強する、学ぶ、挑戦するといったプロセスを楽しんだからです。

この10個のスキルを身に付けるよりも前に、

10個のスキルを身に付けるプロセスをぜひ楽しんでください。

人生は一度きりです。

どうせなら楽しく学び、楽しく仕事をし、

楽しい人生を送るほうがいいですよね？

今のあなたの価値は過去の積み重ねの結果ですから、

まずはそれを受け入れて、未来への準備を始めていきましょう。

今のあなたの価値が将来のあなたの価値ではありません。

今日からの選択と決断の積み重ねで、あなたの将来の価値は決まっていきます。

人生は今日から始まり、昨日の自分がライバルだと思うといいでしょう。

人と比べても何にもなりません。

昨日の自分より成長しているかどうか、理想の自分に近づいているかどうか、

地道にコツコツやることが一番の成功の近道です。

この本を読んだあなたには、

絶対に諦めずこの10個のスキルをぜひ身に付けてほしいのです。

僕は人の可能性は無限大だと思っています。

自分を信じ、未来にワクワクしながら、

日々努力を重ねて成長していってほしいのです。

そのために、この本が少しでもお役に立つことができるなら

こんなにうれしいことはありません。

2020年　秋

金川顕教

●STAFF

プロデュース ‥‥‥‥‥‥‥水野俊哉

企画協力 ‥‥‥‥‥‥‥岡部昌洋

編集協力 ‥‥‥‥‥‥‥長谷川 華

デザイン ‥‥‥‥‥‥‥穴田淳子（ア・モール デザイン室）

金川顕教 （かながわ・あきのり）

公認会計士、YouTube 図書館運営、作家。

三重県生まれ、立命館大学卒業。大学在学中に公認会計士試験に合格し、世界一の規模を誇る会計事務所デロイト・トウシュ・トーマツグループである有限責任監査法人トーマツ勤務を経て独立。トーマツでは、不動産、保険、自動車、農業、飲食、コンサルティング業など、様々な業種・業態の会計監査、内部統制監査を担当。数多くの成功者から学んだ事実と経験を活かして経営コンサルタントとして独立し、不動産、保険代理店、出版社、広告代理店など様々なビジネスのプロデュースに携わり、300 社を起業、300 人の「稼ぐ経営者」を育て上げる。現在、7 社のオーナー業の傍ら、起業家育成プロデュース、出版プロデュース、執筆活動を営み、「読書で解決しない悩みは一切ない」をミッションとして、1 人でも多くの人に読書の大切さを伝えるために「YouTube 図書館」の運営及び執筆活動を開始。

YouTube 図書館では、毎日 2 本、毎月 60 本、年間 730 本の書籍解説動画をアップし、これまで解説した書籍は 1000 冊以上、チャンネル登録者は 7 万人、動画再生数は 1500 万回を突破。執筆活動では、ビジネス書、自己啓発書、小説など多岐にわたるジャンルでベストセラーを連発し、累計部数 50 万部以上。執筆した本は、中国、韓国、台湾、タイ、ベトナム等、世界中で翻訳出版されている。

■ YouTube 図書館

https://www.youtube.com/c/
kanagawaMOVIE

（チャンネル登録者 70,000 人。YouTube の検索欄から
「YouTube 図書館」で検索）

■ 理想が叶う金川顕教 LINE 通信

＠ rgt0375y で検索

（49,256 人が登録）

年収1億円の神ルール10

2020 年 11 月 16 日　第 1 刷発行
2021 年 6 月 6 日　第 2 刷

著　者　　金川　顕教

発行者　　千葉　均

編　集　　碇　耕一

発行所　　株式会社ポプラ社
　　　　　〒 102-8519　東京都千代田区麹町 4-2-6
　　　　　一般書ホームページ　www.webasta.jp

印刷・製本　中央精版印刷株式会社

P8008308